あ……和軍人の記録

情報……庫三の歩み

佐藤卓己 編著

中央公論新社

目次

凡例

①『思出記』の原文は、濁点・句読点が省略されていることが多い。歴史研究者として原文表記の重要性は十分に認識するが、幅広い読者を対象とする一般書の性格に鑑み、読みやすさを優先して、濁点と句読点を補った。

②歴史的かな遣いは原文のままとしたが、旧字体の漢字は新字体に改めた。また、極端な当て字、人名・地名などの明らかな誤字についても訂正を加えた。さらに、代名詞、副詞、接続詞などのうち、かなで表記しても原文の内容が損なわれるおそれの少ないものはかなに改めた。該当する語は次のようなものである。

迠／迄→まで　云→い　其／其の→その　廿→二十　丗→三十
丈／丈け→だけ　之→これ　儘／侭→まま　此処→ここ　乍ら→ながら
且つ→かつ　然し→しかし　是→これ　唯／唯だ→ただ　丸で→まるで
夫れ→それ　若し→もし　兎に角→とにかく　左程→さほど　亦→また

③省略された文字・人名や編者による用語の補註は、頁の左端あるいは本文中に〔　〕で挿入した。

④差別などにかかわる不適切な表現があるが、今日の視点で史料に手を加えることはしなかった。ご理解を賜りたい。

第一部　士官学校合格までの生ひ立ち

「思出記」（ノート原稿、一九一八年一〇月清書）

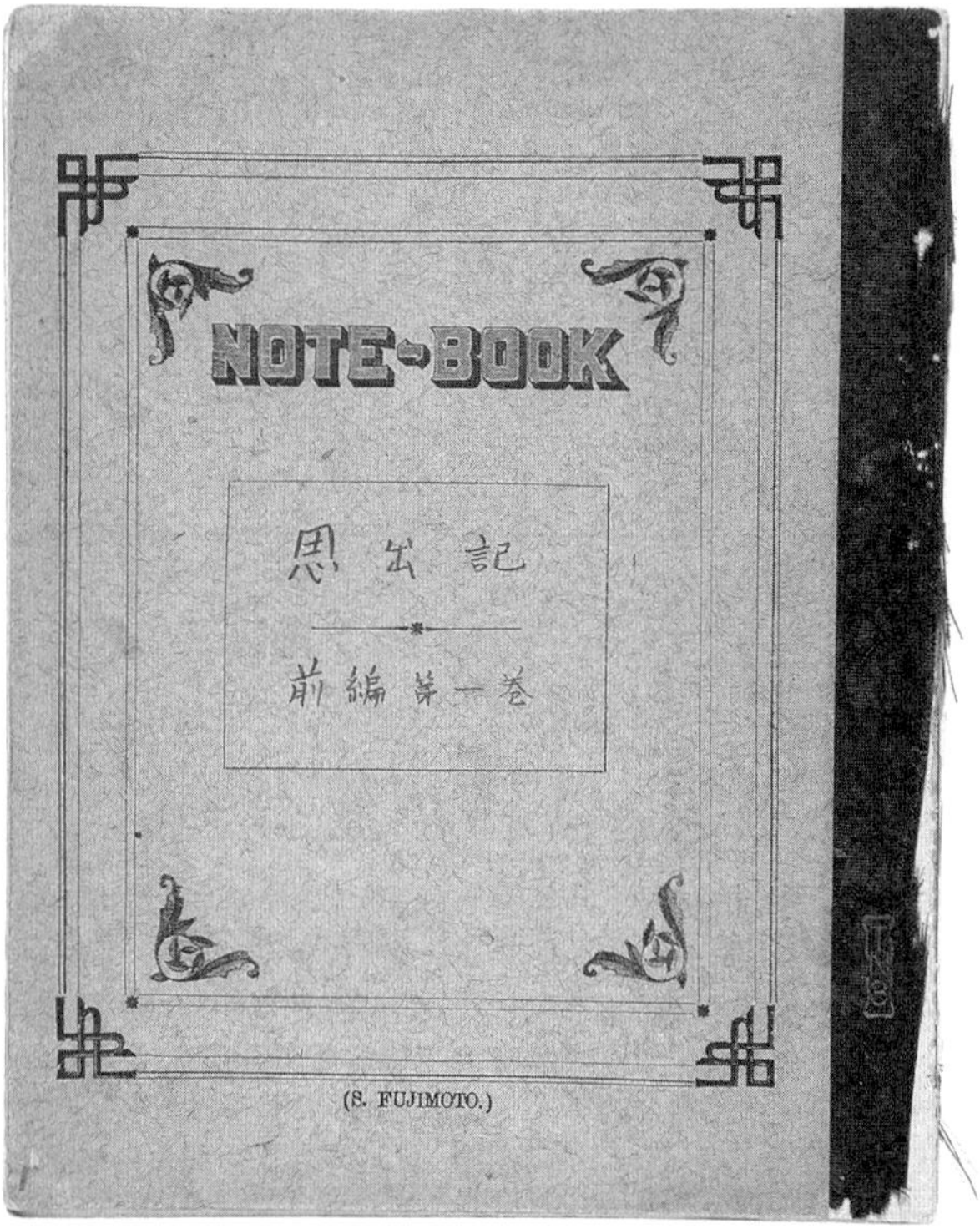
NOTE-BOOK
思出記
前編 第一巻
(S. FUJIMOTO.)

鈴木庫三「思出記」（その1）

No.

自序

此記ハ大正七年九月二十八日大阪ニ於テ深夜一人机ニ寄リソゾロニ我ガ生立ト父母ノ恩トニ感スル處アリ遂ニ筆ヲ取リ我ガ真實ナル生立ノ状況ヲ記述セルモノナリ

自序

此《この》記ハ大正七〔一九一八〕年九月二十八日大阪ニ於《おい》テ深夜一人机ニ寄リソゾロニ我ガ生立《おいたち》ト父母ノ恩トニ感ズル処アリ遂《つい》ニ筆ヲ取リ我ガ真実ナル生立ノ状況ヲ記述セルモノナリ

思出記

一、生家ハ何處

僕は常に斯う思って居る　富豪に生れた人も貧家に生れた人も此の世には等しく悲しみもあれば樂しみもある
富豪にある者は何不自由なく多くの学校も踏んで立派に教育せられ　且つ礼儀作法も正しく上品に育てられる
貧家にある者は多くは教育の程度も低く下品な点も少くはない　だが是は本人の心掛一つである　幼年時代から幾多の苦労艱難を経て富者の想像も及ばないような社会の刺激と彼等に得られない経験とを得て居る人々
成功の礎を此處に築き上げる事が出来る
いざ目的に向って起った場合は如何なる困苦缺乏にも堪へる事が出来るのは実に貧者に賜った天恵ではある
之が即ち富者の学資に相當する貧者のそれではあるまいか？
親はその子に子はその親に　世の中に親子の情程に温いものはあるまい？　養はんと欲すれども親は在さず
と言ふ境遇にある者　幼い時に親に別れた者程不幸

前編第一巻

一、生家は何処《いずこ》

僕は常に斯《こ》う思って居る。富豪に生れた人も貧家に生れた人も、この世には等しく悲しみもあれば楽しみもある。富豪にある者は何不自由なく多くの学校も踏んで立派に教育せられ、かつ礼儀作法も正しく上品に育てられる。貧家にある者は多くは教育の程度も低く、下品な点も少くはない。だが、これは本人の心掛け一つである。幼年時代から幾多の苦労艱難《かんなん》を経て富者の想像も及ばないやうな社会の刺激と彼等に得られない経験とを得て心ある人は、成功の礎《いしずえ》をここに築き上げる事が出来る。

いざ目的に向って起《た》った場合は、如何《いか》なる困苦欠乏にも堪《た》へる事が出来るのは、実に貧者に賜《たまわ》った天恵である。これが即《すなわ》ち、富者の学資に相当する貧者のそれではあるまいか？

親あっての子！　子あっての親！　世の中に親子の情程《ほど》に温《あたたか》いものはあるまい？　養《やしな》は

んと欲《ほっ》すれども親は座《いま》さずと言ふ境遇にある者、幼い時に親に別れた者ほど不幸な事は世にはあるまい？　貧苦の中で育てられる子は、富裕の中で育てられる子以上に親の恩を感ずるものである。

東亜の空には戦雲が満ちて、我が国は維新以来の怨《うらみ》を晴らし、国威を外《と》つ国にまで輝かさんとして居る明治大帝の二十七年一月十一日と名づくる日に僕は何処にか生れた。

三歳になってやうやう覚えたのは温い親の情。愛《かわ》いがって育ててくれた親は、何処に出るにも僕を抱いて出なかった時はないのであった。その頃僕の家には、父母と祖母と曾祖母とがあった。祖母は別居されて居《お》った。曾祖母は同居されて居って、何時も夏になると蠅取りを仕事にして居った。五月と秋とは僕の守《もり》が役目であった。

僕の村は常陸の筑波山《つくばさん》の南にあって、その当時西田中《にしたなか》と呼んだ。段々年も重なって社会の万象が目に入る様になって来ると、益々親の懐しさを覚えた。曾祖父は何時《いつ》世を去られたか明瞭に覚えて居らぬが、その頃は既に家に見えなんだ。幼い時分は病身であったから、何事も親が心配してくれて、大切に育てられたのであった。今でも忘れぬ。腹が痛い時は、母親に抱かれ乳房にすがって居ると、父親が急に僕の口に口あてて苦い薬を飲ませる。頭に白癬が出来た時には、母親は毎朝神に祈って、何《ど》うか頭が禿げぬ様にと願った愛情は！

その頃毎年、夏の暑い盛りと冬の寒い盛りになると、父に送られ母に連れられて、深く繋った遠林路をたどって鷺島《さぎしま》と言ふ村に御客に行く。山路は田中から約二里余あるが、子供の時は随分はるばるの感がした。御客に行く家には、白壁の土蔵も板倉もあり、肥った馬も居る。家も僕の家に比べるとずっと立派で大きい。その家には、何時も僕を愛《かわ》いがってくれる叔父様と叔母様とがあって、僕より年高《としだか》のよい遊び相手が沢山居《お》った。僕が行くと叔母様はにこにこした意味ありさうなお顔を見せる。叔父様は酒が大好《だいすき》で、宴《うたげ》があると僕に酒を飲ましては喜んで居った。僕の遊び相手は信一さんとおまつであった。お松、お松と呼んで居ったが、実は僕より年高《としだか》であったのだ。叔父様は僕に、お松と呼んではいけない、お松さんと呼びなさいといった。

夏は小麦饅頭と魚の御馳走であった。板倉《いたぐら》の後には大きな葡萄畑があって、皆さんが採って来て僕にくれた。家内は大勢で大きな農家なので、雇人の男女が沢山居った。皆んな僕を大切にしてくれた。

夜になって皆は庭端《にわはし》の椽《えん》に出て十五夜の月を見ながら涼んで居る。満月が庭真上に来る頃になると、天王様《てんのうさま》＊の御神輿《おみこし》をかついだ大勢の村の子供が運動シャツ一枚でやって来て、賑《にぎや》かに提灯《ちょうちん》を持って走り廻る。僕には叔父様と叔母様は大好だったから、御客に来るのを喜んで居った。

春は花、夏は涼み、秋は月、如何なる処でも人出のある処には行かない時はない。楽しい月日を送って居る間に、僕は六、七歳になった。家には一人の妹が生れた。満つれば欠くる秋の月とやら、楽しい月日は何時までも続くものでない。家は早《は》や貧乏になって居った事が、僕には知る事が出来た。しかしその頃は未だ米俵は台処《だいどころ》に重なって居ったのは見えた。

破れ始めては取り返しは中々困難なもので、丁度《ちょうど》天から落ちる雨の様だ。段々加速度が加はって来る。いよいよ貧乏になって、米も無い。買って食べねばならぬ。父は農業の余暇に木挽《こびき》職を開業した。山に仕事に行く時でさいも、僕を連れて行った。或る夏の暑い日、例の通り父の道具を入れた籠の中に背負はれて、桜川辺《あたり》の林に木挽仕事に行った。父に取っては親方（師匠）であった人と共に、僕は桜川に浮べた舟に乗った。親方は、父が行かしたくない僕を無理に連れて漕ぎ上った。急流な場所に出て、不幸にも舟は転覆した。水中に溺れた僕は幸に助けられて、父の許に帰ると、父は急に顔色を変へて、自らの師である親方を叱りつけた。親方も気の弱い人だったから、大恐縮で謝罪した。父は短気な人ではあったが、跡のない気の弱い人で、短気を起した後には、自ら後悔して急に平和になるやうなもので、心には毒のない人間であった。怒った顔は実に厳めしい。僕が物を

＊　牛頭天王をまつる社。

覚えてからは、父に叱られるのが一番恐しかった。母はこれに反して、何時《いつ》もやさしい婦人で、僕が悪事をして父に叱られて泣くと、直《すぐ》に来て御詫《おわび》してくれた。当時は僕も随分腕白者で、かつ悪事小僧であった。何時も近所の人には憎まれ者で、小使《こづかい》を使ふ事は有名なものだった。近所の人々は常に僕の噂《うわさ》をして居った。

「あの子はあんなに悪事好きで、おまけに金銭ばかり使って居る。将来は到底陸《ろく》な者にはなれまい。吃度《きっと》悪人にでもなるであらう」

しかし僕は父と母から常に戒《いまし》められて居った。

「欲しい物は何んでも買って上げるから、決して他人の持って居る物等を欲しい気になっては不可《いけ》ないぞ。取らうと思ってはならないぞ！」

と言ふのは父と母の口ぐせであった。

近所の子供の中には両親から小遣が得られないので、密かに父母の金銭を持ち出す者もあったが、僕には一厘《りん》*たりとも無言で持ち出す様な事は決して無かった。否、寧《むし》ろ左様《さよう》な事はせぬとも、欲しい時は何時でも貰《もら》へたから、左様な事をする必要もなかったのみならず父母の戒めは常に身に浸潤して居ったのである。

しかし家は段々貧乏の度を加へた。見知らぬ人が沢山やって来る。皆借金取りであった。或る時などは借金取りが来て、父の不在に母は烈《はげ》しい請求を受けて泣いた。母の泣いたのなんか今までに見た事のない僕は、悲しくなって共に泣いた。斯様《かよう》な残酷な有様を見た僕は、子供ながらも奮発心が起った。「後には彼等以上の人になって、彼等に要求をしてやるぞ」と思った。

桜川を挟んで約半里東の山根に杉木といふ小さな平和の農村がある。その村に父の妹に当る人が姻《と》ついで居った。旧二月の初午《はつうま》には鎮守《ちんじゅ》の祭礼なので、祖母と共に僕は、毎年御客に行った。叔母が用事に出られるので、僕も連れられた。彼方に見えた立派な御屋敷が子供の目にも入った。

僕　叔母さん、向うに見える大臣殿《おおいどの》は誰の家ですか？

叔母　あれは直重様と呼ばれる金満家だよ。

御屋敷の囲りは堀構《ほりがまえ》で、堀に接して美しい白壁の庫や別荘が建てられてあり、入口には立派な長屋門がある。村の殿の様な勢力のある家であった。

叔母　庫《くら》や、われも今にあんなに大臣殿になれるか？

僕　叔母さん乃公《おれ》なんか後にはもっと立派なものになるぞ。

この話では何時も叔母から冷笑された。

＊　一銭の十分の一に当たる最小額面の硬貨。

年と共に物事も知って来たが、腕白は中々止まぬから、近所の人々には憎まれ者であった。五月雨降る田植時であった。或る日、父と母は野に出て居らぬ。祖母も独立して農業を営んで居ったから、田植に出た。それで僕と妹とはその日近所の家に預けられた。例の悪事小僧は相変らず乱暴したので、その家の人に叱られた。仕方なく留守の家に帰って、父母の帰るを待って居ったが、中々帰って来られない。急に淋しくなった妹は、わっわと泣き出した。僕は遂ひ妹の機嫌の取り様もなく、彼女を背負って野に行かうとして雨の中を約二三町*出かけると、父と母とが戻って来られて、僕は父から大きな御目玉を頂いた。実は乱暴をしたので、僕を預かった家の口の悪い祖母様から馬鹿にされたのが、癪にさはったのだ。彼女は言った。

祖　鷺島小僧！　御前《おまえ》の家は鷺島だぞ。田中の者ではない。御前の御父様と御母様は鷺島にあるのだ。何時も客に行くだろう？　御前は貰子《もらいご》だよ……

何《ど》うも僕には何だか解せなんだが、何となく面白くなくてたまらん。あれ程いい父と母があるのに貰子だなんて失敬な奴だ。しかし近所の人は僕を庫坊《くらぼう》と呼んで居る。何うも不可思議だ。坊をつけて呼ぶのは財産家の子供ばかりなのに、貧乏な家の僕を坊とは不思議だね？

その頃、父と非常に仲の良い人に中原菊治といふ醤油の行商があって、五日目に一回位宛商《ずつあきない》に廻って来た。その人は高道祖《たかさい》**村の人で僕の家に来ると鷺島の話をする。初めは僕と仲善《なかよし》であったが、僕が乱暴をするとその人は言った。

「悪い事をすると鷺島に連れて行って帰らせんぞ」

子供の僕は少しも意味の深い事は解せなんだが、鷺島に連れて行かれて父や母の許に帰らせないとしたら大事と思って、後にはその人を恐しくなって、何時《いつ》もその人の姿を見るとその人が帰るまでは隠れて居った。

腕白小僧でも愛《いと》しくてたまらぬ父は七歳の時から毎夜夕食後から十分乃至《ないし》二十分間位宛、書物を読む事を教へてくれた。父は昔式の教育法で書物を教へる時は必ず煙管を手にした。覚えが悪いと、煙管の雁頸《がんくび》が僕の頭に飛んで来る。しかし僕は学問に趣味があった。それに数の計算が大好であった。冬の寒い雪の降って居る時等には、祖母が真黒に古びれた紡績具で糸引きする傍で、一生懸命に数の計算を習った。明治三十四年の四月に八歳で田水《たみ》山《やま》尋常小学校に入学した。学校では成績良好で、毎年一番か二番であった。欠席は大嫌《だいきらい》。何時も少年連中の先導者で、兵隊遊びや喧嘩が大好だった。

---

*　一町は約一〇九メートル。

**　下妻町にあった地名。

或る時などは、別坪の児童等に連合して攻められ、日没まで家に帰れなんだ事もあった。いよいよ鷺島小僧の名が聞えて来た。二年生の時は学科では級中の一番だったが、品行が悪いので二番に下げられた。昇級の度毎に試験休みがあって、鷺島に送られて行った。その頃、家は益々貧乏になって、父も母も外行きの着物もない有様なので、自ら鷺島には行かなんだ。何時でも途中まで僕を送るのが常であった。

鷺島では、一番年高の人は正一郎といって、次は八郎、第三番目の人は佐多次郎であったが、僕は正さん、八さん、佐多さんと言って居った。正さんは妻があって、女の子があった。八さんは昔話の上手な人で、孝女白菊の話なんか僕に聞かしてくれた。三番目の佐多さんは大腕白《わんぱく》物で、時々僕の頭にも拳骨《げんこつ》をくれた。その頃、下妻町の県立中学校に通学して居ったが、滑稽な人で何時も僕を馬鹿にして言った。

「御前の母は真の母ではないのだ。御前は里子に行って居るのだ。叔母《おば》さんと呼ばずに母《かあ》さんと呼べ。真の御母さんはここに居るではないか。叔母さんて言はずに、御母様と言へ。」

僕は癪にさわって居たまらぬ。佐多さんに飛びかかる事も度々あった。

小学校も三年級になったので、漢字も読む事が出来て来た。或る時父の書物箱を捜したら、戸籍謄本が現れた。好奇心を以て見たは良いが、突然一驚した。

茨城県真壁郡鳥羽村大字鷺島六番屋敷平民農鈴木利三郎六男庫三同県筑波郡田水山村大字田中平民農大里菊平養嗣子に縁組とあった。明治二十八年の事であった。ここで初めて平素の疑問が解けた。常に恐ろしく思って居った高道祖《たかさい》の醤油行商の世話で里子に来たのであったが、明治二十七年頃から五年も、田中には子がなかった。里子に預って見たものの、情に脆《もろ》い養親は愛《いとし》いあまり、期限が来ても返戻《へんれい》する事も出来ず、遂に厳談《げんだん》を往復して貰ひ受けたのであった。

二、貧困と修学

「世の中に借り程《ほど》つらひものはない　我子供には襤褸《ぼろ》を着せつつ」

良く覚えて居る。財産家の人から侮《あなど》られて歌はれた和歌だ。僕は自分の養家程極楽な処は他にないと思って居ったが、一向に平気であった。学校の成績は特別良いのに、鷺島には相応の財産もあったから、近所の人々は僕の遊んで居る様を見ては言った。

「あの子はあまり利口だから、長くはあんな貧乏家には居らんだらう？　何も知らずに我が子の様にして居る養親は、実に馬鹿なものだねい《え》！」

この言葉を聞いた僕は心中憤慨して、語って居る人の顔が憎い位であった。

「それ程僕を恩しらぬ者と思ふか？　財産を望んで恩ある養親を捨てる馬鹿と見ゆるか？

いやいや何と思はれても良い。後には彼等の想像以外の事を行って見せる。後には彼等に仰がして見せる」と独言した。

尋常小学校も三年から四年に進級した。腕白は中々に止まない。今度の昇級にも品行が悪い為、二番に下げられた。何時も喧嘩の大将兼兵隊遊びの大将だった。安森村や池田村の子供等と喧嘩をする時は、大将になって村の子供等を糾合《きゅうごう》したものだ。それ故《ゆえ》村の人たちには嫌はれ者だった。

或る時、泉村の観世音に参詣の途中田中を通った鷺島の婦人連が僕の様子を尋ねたさうだ。

鷺　田中に里子に来て居る庫三といふ子は御存じですか？　あの子は如何ですか？

田　ああ、あれですか。まあ随分乱暴な子ですねい！　銭ばかり使って居ってねい！　あの家では貧乏なくせに、あんなに子供に銭を使はしては、後にはろくな子が出来ないでせうよ。

尋ねては見たが、あまりの言葉に驚いて、婦人連は後も言葉なかったとやら。帰って直《す》ぐに実母に告げたさうだ。その夏休みに鷺島に帰ったら実母からさんざん訓戒された。再び鷺島に来るのも恐ろしい位であった。しかし僕も初めて覚醒した。

その頃、田水山尋常小学校の校長横田豊三郎先生は児童に郵便貯金を勧誘した。僕も貯金する事になって、毎日五厘切手一枚宛《ずつ》買って、切手貯金を始めた。この頃から金銭の徒費は止めたのであった。毎日遊んでばかり居った僕は、煙火《えんか》と魚釣が大好で、小鳥なども飼って楽しんで居ったが、夏休みに実家に帰った時、馬で僕を送って来た八郎兄は、この事を実父に告げたらしい。実父からさんざん叱られた。

実父　魚釣りをしたり、小鳥を飼ったりして遊んで居る者は大嫌だ。乃公《だいこう》は仕事する者でなければ大嫌だ。そんな事して遊んで居るなら、もうこれから鷺島には来るなよ。

と告げられた。父の言葉に自ら恥ぢ入った。それからは段々家事の手伝ひもし、山に薪取りや草刈りにも出る様になった。

貧乏と四囲《しい》の刺激とに依って、腕白小僧も何時《いつ》となく覚《さと》って来た。金銭の徒費は、まるで烈しい雷が終って晴れた様に止んだ。尤《もっと》も、家はその頃貧困の極に達し、毎日五厘宛《ずつ》の貯金も出来ない様になったのである。あはれ、三十五年度の大風は我が家を倒して終《しま》ってあったのだ。しかし、父の力ではその家を直《すぐ》に再建する事が出来なかった為、屋根ばかり地に接して居る家に窓を附けて、これに住む事足掛三年、まるで穢多《えた》の様な生活であった。これらもその当時の貧乏を手伝ったのである。その間の困難を恥辱とは、今で思ひ出すと身の毛もよだつやうな感がする。暴風で家を吹き倒された際には、天皇陛下から御下賜金があった。僕は子供ながらも思った。

「陛下の御恩は深い。後には身を立ててこの御恩の万一にも報い奉らなければならぬ。さて、何《ど》んな職業を撰んで、何んな人になって、君と国とに尽したら良いであらう。」

その頃、我が家には太閤記として豊臣秀吉の伝記の書いてある大巻があった。傍訓が施してあったから、容易に読んで意味も分った。父も時々読んで僕に言った。

「人間は大胆でなければならぬ。忍耐力があって職務に勉励せねばならぬ。職務に勉励する人が立派な人になれるのだ。而《しか》して君と国とに尽す事が出来るのだ。」

僕は感じて聞いた。自分で読んで、秀吉公が尾張の中村に生れて家を出るまでの間はその家の貧しかった事は非常なものであった事やら、後に奮発して関白にまでなった事なども知った。

「あんなに貧しい家に生れた人でも後には天下を一統したな！」

と僕は読み終って嘆息した。

学校では、渡辺崋山先生の苦学時代の事を修身で教《おそ》はって居ったが、僕は自分の境遇と比較しながら興味を以て学んだ為か、よく覚えた。教師の不足の為、三年生と四年生とは同じ教科書を同じ先生に教はって居った。或る日、校長の横田先生は「崋山先生の御話の出来るものは手を挙げよ」と言はれたが、誰も手を挙ぐるものはなかった。三年級の後の方に、僕一人が手を上げて居った。四年級連中は僕の方を固視《こし》して居った。

先生「庫三、一つ話して見よ。」

僕はすっかり誤りもなく話し終ったので、先生は僕を賞《ほ》めて言った。

「三年級の者があの通り話す事が出来るのに、四年級は如何《いかが》したのだ？　意気地《いくじ》のない事だねい《え》。」

授業が終って先生は職員室に帰った。漸《しばら》くすると僕の後から誰か来て、書物風呂敷で僕の顔を蔽った。すると多くの人が来て、盛《さかん》に僕の頭を殴った。やがて彼等は去ったが、悪い事もしないのに殴られた僕は不可思議でたまらぬ。親友の山本篤一郎君に、密かに殴った人名を尋ねたら、皆四年級の者ばかりであった。その先導者は四年級で一番の路川健介で、水守の資産家の子である。路川は僕の家の貧乏なのを知って居った。何時も僕が悪着物を着て居ると、僕を軽蔑してくれる大嫌な奴であった。一番でこそあれ、算術等は何時も出来ない。ただ習字の良いのでばかり、首席に居る奴であった。僕は覚った。「修身の時間に僕一人出来たので、四年級の奴等《やつら》羨んだなあ？「一つ横田先生に届けてやらう」と直《すぐ》に職員室に行った。先生に殴られた状況を語ると、先生も覚ったらしくうなづいた。次の時間に生徒の前で訓戒した。しかし先生の許に行った時、僕は先生から問《と》われた。

先生「人を羨んで殴った者が偉いか、人に羨まれるほど成績が良い者が偉いか？」

僕は答解せなんだ。

先生「人を羨むようでは駄目だ。偉くなって人に羨まれる位でなければいけない。御前はよい。そんな者は相手に取るな。後に立派な人になって終《しま》へば、自然に讐《かたき》は取れるぞ。御前は一体何になる考へだ？」

問はれた僕は、即答に困《くるし》んだ。先生は土浦藩の士族で、武士気風の残って居る人であった。

先生「人間は目的を早く定めて、これに向って進まねばならぬ。目的のない人は成功はしないよ。」

と加へた。僕も考へた。百姓の子だから、百姓と答解すれば間違《まちがい》はないだらう？

僕「百姓になります。」

先生「百姓？　百姓なら日本一の百姓になるか、田水山村一番の百姓になるか？」

さあ、僕は困《こま》った。貧乏な家に生れて居りながら、あまり大きな事を答解すると、先生から笑はれる。目下の状態を見るとあまり大きな事も答へられぬと思って

僕「田水山一になります。」

先生「望《のぞみ》は山ほどといふ事があるではないか。人間はなかなか目的の半分にも行かぬものだ。その様な小さな考へでは駄目だ。まあよく考へて目的を定めるがよ

い。」

それからといふものは、常に将来を考へる様になった。それが為、益々大望を持って来たが、家は益々貧困になった。父が毎日木挽して得る金で、米を五升か三升位宛購《あがな》ふ。仕事の都合が悪いと米に追はれて来る。さあ、子供の着物から種籾、俵まで質に入れる。家も屋敷も売り払って終った。農具で何でも新調も修理も出来ない。消耗する一方。遂には他人から借りなければ、田畑を耕耘する鋤鍬《すきくわ》もない始末。僕等も度々後ろ隣の家などには恥しい思ひして借りに行った。今でも忘れぬ明治三十六年の春であった。社会は花気分。桜の花も霞の中に匂ふて居る。田水山小学校でも筑波神社に桜狩に出る事になった。欠席嫌の僕も、その時だけは欠席を余儀なくなされた。病気？　否、病気でもなんでもない。欠席したい理由があるのだ。親に心配をかけるから欠席するのだ。実は遠足に出かけるには着物も小遣もなかったのであった。貧農民の一番苦しい時季は春であるのだ。桜の花の咲く時分であるのだ。

四年級では僕が首席で級長であった。若苗は延び立って来る。水田には幾千、否、幾万の蛙が音楽を奏しながら水面を泳ぎ廻って居る。田植は近くなったので、田水山小学校の児童等は害虫の駆除を初《はじ》めた。或る日、我家に近い水田の苗代にも来た。その帰途、我が家の東の側の道を通過する事になった。おほ、倒れた家があると、水守や山木村の児童が立ち停《どま》って見て居ると、僕の村の一女性が言った。「これは庫三さんの家ですよ。」僕は、我が家を見て何かささやいて居る男生徒や女生徒を見た。その時の僕の心は子供ながらも何《ど》んなであったらう！

顔から火!! 顔から火が出る。否、汗!! 汗が出る？ 丁度三十五年の嵐に倒れたまま建てられずに、その中に住んで居ったのであった。

しかし、平素は毎日我等を養育する為に汗を流して働いて居らるる養父の身の上を思ふと、倒れ家に住む事などは少しも心にしなかった。その頃は、時々実家からも米等《など》借りて来たが、返済が出来なかった為、遂《つ》ひ養父も養母も行来が遠くなって居った。僕一人で実家に帰る度に母は言った。

「田中の御父さんや御母さんにも気遣ひなしに御客に御出になる様に」と。

僕は内情を知って居った。一人で林路を往復するときには貧乏の情なさを考へて、熱い涙を流した。やがて親類の人の補助や地主の助力に依って家は新築されたが、年を経るに従って、僕は社会の刺激を受くる事が益々多くなった。

時は移った。黄金の波山《はざん》。*稲田の面に漂《ただよ》ふた筑波の山は、美しい錦を着て、農村の忙《せ》は

* 筑波山の略称。庫三の戒名にもそれを示す岳の一字が入っている。年譜を参照。

しい秋も来たと思ふと、何時《いつ》か過ぎて冬になる。雪が消えると、新なる年は迎へられた。これが明治三十七年である。凋落してあらⅰらになった桜川畔の林も若芽をもやし初《そ》むると、帝国は怨《うらみ》の深かった露国と戦端を開いたのであった。この日露役こそ、僕の目的決定には偉大な効果を与へたのである。田水山小学校の卒業も近くなったので、僕も目的決定はいよいよ急になった。毎日将来を考へた。

「農業者になっても、家はこの通り貧しい小作人である。何時立派な地主になれるだらう。何年の後に日本一の農業者であるといふ名誉を得られるであらう？　名誉！名誉！　豹は死して皮を留《とど》め人は死して名を残すと言ふ事がある。物質は僕には不用だ。幾千代の後までも残るものは名誉である。最も容易に階位を作るが、出来かつ名誉を得らるるのは何職であるか？　潔白な生活、高尚な生活は何か。昔から花は桜木、人は武士とある。ああ、我はこの身を君に捧げるのであるぞ。人の下に立って地主の働《はたらき》をするよりは、君に身を捧げたらどの位幸福であらう。死すべき時に死す。つまらぬ一生を送るよりは、この人生を国家国民の為に寄贈するがよい。世界一の将軍になるのは寧ろ、田水山一の豪農になるよりは容易である。我《わが》将来は軍人であるぞ。今まで受けた恥辱を濯《そそ》がねばならぬ！」

その決心後は、どんな困《くる》しい事でも、いやと思ふ事はなかった。学校から帰ると、夏は草刈り、冬は薪取り。人に負けるのは大嫌ひ。何時でも人より早く多くの草や木を取らねば承知せぬ気持が悪い性質は益々向上された。

戦争の話が大好。折しも日露役は未だ日が浅かったので、子供ながらも国家的精神になって、勝負の心配ばかりして居った。正一郎兄は出征軍に参加した。僕は軍人になるには身体が健全でなければ駄目だと思ったから、盛《さかん》に家業の手伝をし学校では角力を取るのが好きだったが、身体も人より大きくあったから、級中では一番強かった。

田水山尋常小学校の卒業試験も済んで卒業式も近づいた。僕は横田先生から、卒業生の総代となって答辞を読めと命ぜられたから、成績は悪くないと思って居った。三月二十五日に卒業式は挙行せられた。

うららかに晴れた初春の朝から村の富豪や役場員その他の来賓もどんどん式場に詰め込んだ。校長の述辞の後、証書授与の盛典が開かれた。一番に呼び出されたのは僕であった。来賓がささやいて居るのが僕の耳に入った。

来　「あれは何処の子ですか？」

村長の大里銀次さんは答へた。

村長「あれは大里菊平の貰ひ子だ！　何んでも、あの子は学校で教はる外は家に帰って少しも復習なんかせぬと近所の人が語って居ったよ。」

来
「感心な子ですねい《え》！」

平素、困窮と恥辱に苦しめられて曇って居った子供心も、少しは晴れた。

試験休みになったが、僕には問題が起った。養親の力では僕を高等小学校に通学させられぬ。その頃の社会の教育程度は未だ低かったから、高等小学校に通学するものは村内でも指折って数へる程であった。尋常小学校を卒業すれば農業に従事するのが、小作人の子の常であった。養親も実子ならば、或は僕を百姓奉公にでも出したかしらん。その頃は、戦争の影響か世の中が不景気で父の木挽仕事も思ふ様になかったから、家内を養って行く父は随分苦心して居った。父は三十五年の大嵐で倒れた屋敷の内の大木の根を掘って炭に焼いて、これを売りその生活費に充てて居った位だったから、僕が高等小学校に入学する問題に就ては随分煩《わずら》はされた。しかし、軍人になるには高等小学校も卒業せんでは到底駄目だと心配したが、やがて一策を案出した。そこで卒業証書と賞状とを携へて実家に行った。

実父は教育に重きを置いた人で、その頃自らの子弟の補助教育や村内の青年の教育、貧乏な家の子弟教育の為に自家に教師を雇って、グラットガードン館といふ義塾を開いて置いた。そして昼は児童、夜は青年といふ順序で毎日して居った。

実父は僕の成績を見て喜んだ。僕は高小に入学したい事を父に述べた。

父「田中で御前の教育が出来ないのなら当方でして上げるが、とにかく家の義塾で学んだら何うだ？」

僕は、後日陸軍志願の考へがあったから、実力が得られても肩書を得られない学校に入る事を欲しなかった。どうしても正規の高小に入学したいと父に述べた。

母「そんなら村田の高等小学校に入って学校から帰って来たら農業の手伝でもするがよい。田中の小さな百姓でのらくら遊んで居ると将来ろくな百姓にはなれない」

と言った。しかし僕は田中の養親の膝下を去って鷺島来る事は欲しない。無理に願って北條町の高等小学校に入学さして貰ふ事と決定した。

毎月の月謝と書籍費は実家から貰ふ事に決定した。予定の学校にも入校する事が出来たが、家の貧しい中から通学したのだから、学校から帰ると直に着物を替へて農事の手伝をした。僕の高等小学校は北條町の外、田井村と田水山村との組合で、当時筑波郡では最も成績の良い学校であったが、村から出た児童は顕《あらわ》れにくいので、僕は成績三、四番の処にあった。しかし算術では常に一番であった。家にある時は家業の手伝が主であったから、家にあって学科の復習はせなんだが、段々成績も良くなって、その後二番の成績になった。

高等小学校卒業までの苦しみは通常ではなかった。今でも思ひ出すと熱い涙が湧き出す。貧乏で着物もない。遠足等の日は必ず欠席した。冬の寒い頃実家に行くと母は、僕が薄い袷《あわせ》を着て寒そうな様子をして居るのを見ては哀れに思って、厚い綿入を仕立ててくれた。兄たちの着ぬきも貰って着た。夏休みと冬休みと試験休みには実家に行く事になって居った。夏は養蚕の手伝をした。休みが終って帰る時には、母から次の休みまでの月謝と小遣を貰ふのが常であった。この金は養親の許に差し出して預けて置く事になって居ったが、貧乏は艱《かた》いもの。養親は泣く泣くもこの金を借りて米を買って終《しま》ふから、月謝を納める時に間に合はない。納入期限が後れると、生徒の沢山居る前で先生に後《おく》れる理由を問はれる。実に恥しい思ひをして顔を赤らめねばならぬ。嗚呼、借金ほど恐しいものはないと思った。

日露の役は我が帝国が大勝利で三十八年に終了し、正一郎兄も凱旋した。兄は看護長に進級したのだったが、その後医学研究の為に佐多次郎兄と共に東京に遊学した。八郎兄は現役で近歩の三に入隊した。東の太三郎さんも砲兵軍佐で凱旋したが、功七級を下賜せられた。氏は軍隊の話と実戦談が上手であったから、僕は実家に帰ると実戦談を聞く事が出来た。

八郎兄の入営出発の前祝宴が開かれた。太三郎さんも出席されて、御得意の実戦談や軍隊の話が盛に話された。僕の心は浮き立って来た。父の膝下にあって、僕は軍人志望を述べた。そこへ太三郎さんから、幼年学校入学手続が話された。父は早速東京苦学案内と言ふ書を持ち出して調べた。それで、いよいよ高等小学校卒業の暁は、幼年学校の入学試験を受ける事に決定した。その後は益々身体を練って勉強する事に強《つと》めたが、不幸にもトラホームに両眼を襲はれた。今まで医師を頼んでも薬価を支払ふ事が出来なんだ為、急病はさもあれ、衛生思想の発達して居らないその時代は、トラホーム位は捨てて置いたものだ。先生には、治療せ、治療せ、と勧められるが、僕は家の事情を知って居ったから、進んで医師の治療を受けなんだ。三年生の夏が終って登校した授業開始の日、先生からトラホーム治療実施とその結果とを問はれた。

僕は目薬を買って点用し、別に医師の治療を受けなんだ事を答解した。処が貧民の事情に暗い先生は「目薬位で治療の効があるものか馬鹿！　何故医師の治療を受けなんだ」と叱りつけた。貧乏は悲しいもの。僕には答解の言葉もなく沈黙して終った。しかし神の恵《めぐみ》か、不思議にもその目薬の効果があって、トラホームは全快した。

学校で必要な筆墨その他の消耗品を買ふのでさいも、貧乏な養親から金を貰ふのは気の毒に思って居ったが、僕はある方法を取って、これを補足した。冬になると山に行って松の根を沢山取り、これを来春まで乾燥貯蔵して置く。春になって蛙が音楽を始める。田水が暖《あたたか》になって来ると、淡水魚のドヂャウや鮒が浅い水面下に出る。滋養のある魚なので、その当時一貫目五、六十銭に売れた。僕は風の静かな暖かい夜を待っては、松根《しょうこん》を灯《とも》して毎夜漁に出た。三四時間居って帰ると、子供でも三四百匁は得られる。これを売れば直《すぐ》に筆墨料は得られるのであった。秋、蚕の時には、養母と共に桑葉の賃摘みに出た。仕事をして負けるが嫌ひの僕は、子供でも大人と同じ程摘める。一貫二銭宛であったから、日曜日に一日出ると三四十銭になる。斯様《かよう》にして得た金は筆墨料に余裕が出来たので、月謝の方に使用したので大安心。その後は再び月謝の納期に後れる事はない。多くの児童の前で先生から遅延の理を尋ねらるる恥辱もなかった。しかし、父母が金の入用が出来て困る時は、僕が貯へた筆墨料の幾分かを差し出した。僕にはそれが何より嬉しく感ぜられたのであった。

斯様にして修学して居ったが、成績は到って良好。三年か四年に昇級する時二番、その後副級長であった。しかし僕は子供の時から一度主張した事は同級の不賛成をも顧みず何処も成し遂ぐる習慣があったから、時には同窓に嫌はれた事もあった。四年生になってからは、同村から行く或る一部の児童の中では僕が一番年高だったから、自在に彼等を指揮して、僕の居る間は彼等に悪い事をさせなんだ。それ故遂に模範生として算へられた。

授業が終れば直に帰る。途中の道路上に馬糞が落ちて居るのを見ると直に出直して、［堆肥にするため］これを拾ひて行った。遅く帰る児童に出会ふと、馬糞を拾って居る無邪気な子供心もあまり良い感情はせぬ。しかし僕は楽観して居った。一つの考があったからである。

「今に見て居れ。僕が立派な軍人になって、乗馬姿で歩く様になると、貴様等に馬糞を拾はせてやるぞ。」

学校から帰って農事の手伝をするのは一番面白みがあった。三年生の秋には祖母の作って居る水田一反二畝歩余もあるのを見事に耕し傍ら耕耘の方法を習得した。畑を耕す事も習った。次第に趣味を持って来て遂には学校から帰ってからばかりでなく、日曜日は勿論朝早く起きて学校に行く前、野に出た。しかし悲しい事には、この働き振りは後日の目的遂行に大妨害となったのである。

送って見れば憂き世も早いもので、早や明治四十年の秋は来た。学校ではこの良い秋の季を利用して遠足を謀《はか》った。霞ヶ浦を渡って鹿島、銚子方面に行く事になった。今までの遠足には家の事情で何時も出席しなかったが、今度こそは逸《いっ》してならぬと思って、僕は実家に行って旅費と衣類とを得て遠足する事に決定した。旅行程修養になるものはない。昔から「愛《かわい》い子には旅をさせよ」といふ諺がある。家を離れ、親の膝下《しっか》を去って、困苦欠乏に会ふと、いよいよ親の恩を知る事が遠大になって来る。大船津の沖で満月の光を浴びながら夜遅くまで汽船を待った時には、僕もつくづくその感に打たれたのである。

「嗚呼、僕も早く立派な人になって、養親にも実親にも孝を致さねばならぬのだ。何んでも人間は、人を制する身分にならねば駄目だ。人を制する事の出来ない者は人に制せらるる身分なのである。人に制せられて居っては人生の賜《たまもの》を受けた甲斐がない。

先《ま》づ先づ学校の卒業も来春になったから、目的に向って準備せねばならぬ。」

旅行から帰ると直に準備に着手した。少年時代の友であった神立新吾君に謀って、幼年学校の規則書を取り寄せた。毎日空想を画きながら規則書を読んで居った。学科中では算術と地理とが大好であった。地図を開くと、何時も空想を画きながら、我が帝国が世界一統する時は僕は総司令官にならねばならぬなどと思って、先生の講義も耳に入らぬ事が度々あった。

四十年の晩秋茨城県下で特別大演習があった。軍人志望の僕に取っては甚《はなは》だ好都合で学校の科程などは捨て置いて、五、六里もある道を夜通しして下館町に行った。下館町附近が丁度中心であった。

日露戦争後の特別大演習で今までにない大規模であったから、全般に渡って見る事は出来なんだが、その壮烈さは心身ともに動くばかりであった。実に明治聖代の御恩沢で、その日の夕方吾等は下館町で畏き天顔を拝する事が出来た。吾等の如き賤の子が、聖上陛下を拝する事が出来た有難さは、実に涙も溢るるばかりであった。子供のはや事とは言ひながら、僕はこの演習を見て帰った後は、学校で昼休みの時間になると同級生を連れ出して、校舎の後《うしろ》の□山で兵隊遊びするのが最も楽しみに思って居った。

廻る月日の力車は吾等を乗せて早や秋を過ごし、白雪積る冬も寒い寒いのうちに終って、桜花咲く春は来た。八年の星霜も蛍雪《けいせつ》の間に満ちて、ここ高等小学校卒業の栄典に浴した。級中二番の成績で卒業した。しかし、卒業と共に一生の運命を左右すべき大問題は現れたのである。

三、小学校卒業後の方針と困難

養親は困窮の中から僕を通学させて居ったから、まるで咽喉の乾いた人が水を待つ様に僕の身を待って居た。加へ、年の割合に身体も大きく、仕事も年齢相応以上に出来た。而《しか》して農事は殊に趣味も持って居るらしく見受けた。養親の渇望はいよいよ以って烈しかった。

今まで目的として準備した幼年学校の入学の事を申出たところ、一言の許《もと》にはねつけられた。何度願っても受附もしない。規則書まで取って準備した幼年学校、そればかりでなく、実父の許《きょ》まで受けて決定した幼年学校、今は養父の反対の為に許されない。涙の中に葬った。仕方がない。せめては下妻の中学校にでも入学さして貰いたいと、実家から学資を出して貰ふ手続までに進んだが、また養父の反対、益々養親の機嫌を害《そこな》ふばかりであった。
養父は汗水は勿論、血の汗流して養育し、やうやうの思《おもい》で高等小学校を卒業させて、今から片腕の足り合ひにしたいと思って居った処であったから、僕の志望を拒絶するのも無理はなかった。尤も、僕が何処［まで］も不孝をも顧みず志望したら、出来ない事もなかったらう？　しかし、僕に志望の出来ない事情があった。その頃、養家には三人の子があった。二人が女子、一人は男子であったが、養父も腕一本でこれを養育して行くには、並大抵の苦労ではなかった。実子なら、僕は既に他の家に百姓奉公に出されて、幾分の金を家に手伝ったであらう。だからして、僕の志願は曲げられたのである。否、自ら屈服しなければ、親不孝の子とならねばならなんだのだ。友人はどんどん中学に入る。僕の受験準備は水泡に帰した。残念には思ったものの、親不孝の名を得るのが悲しい為、屈服し終った。

とにかく小学校も終へ、その後の方針もあったから、先づ鷺島に行った。その頃父も、正一郎兄と佐多次郎兄とには学資を送って居るし、八郎兄は再服役を続行して家に帰らず、信一兄は商業志望の為出家して、家には男子は父ばかりで、雇人ばかりで家業を行って居った。その上父は、土地の売買や樹木材木等の売買に手を出して大規模にやって居ったが、不尠《すくなからず》損を蒙《こうむ》って、家内も和合して居らなんだ。それ故、一度貰はれたる僕の身の上などには注意も行き届かなかった。いよいよ仕方がない。僕はここで大決断を以って難局を処理した。その方針を定めた事は次の様であった。

（一）今後二十歳まで全力を尽して養親の手伝をする事。而《しか》して二十歳以降、僕が居らなくとも自活し行くには差支なき程度に余裕を作る事。

（二）陸軍下士からは満二十八歳まで士官候補志願が出来るから、二十一歳になったら現役志願し、更に下士志願して、任官後独習修学して、陸士の受験する事。

（三）これから二十歳まで五年の間は養父の為に年月を差し上げ、その代り僕は、五ヶ年遅れて生れた者と同じ歩調で進む事。

（四）現役志願までの間、農事の余暇には十分勉学して将来の準備に供する事。

第四項の目的を満足する為には、北條町外二ヶ村組合高等小学校長なる石井完吉先生の紹介で、当年創立した帝国模範中学会の会員に入った。

小学校卒業の当時は、まるで大海に漂ふ一葉の様な感に打たれて、学校の事ばかり頭に残って居った。先生や友人を思ふと物悲しくなって、仕事も手に附かぬ有様であったが、愈々《いよいよ》目的も定まったので、その後は倍々《ますます》決心は強固になり、親の為なら水火も厭《いと》はぬといふやうになったから、今になって考へて見ると随分大胆な事業を行って居る。またどんな憂き事も平気で受けた。

憂き事の尚《なお》もこの世に積《つ》もれかし限りある身の力試さん

とは堅忍《けんにん》家熊沢蕃山の詠んだ歌であるが僕はその当時からこの句を崇拝した。

小学校時代僕より一年先輩であった小野村庄三君は、前年から父君に従って農業に従事して居った。氏は小学校の成績も良好であったが、何か志す処あるらしく、農事の傍ら国民中学会の講義録を購読して居った。僕とは小学校時代から親友であったが、同じ境遇の我等は愈々《いよいよ》親密の度を加へて、兄弟の様に行き来した。

村の青年の風紀は頗《すこぶ》る悪い。十六、七歳にもなれば、毎夜夜遊に出る。而して獣欲方面に活動して居ったから、僕は小野村君と共に謀って、絶対に彼等の仲間に入らぬ事に決定して置いて、夜は相共《あいとも》に講義録の勉強をした。尚僕は小野村の父君から玉算《たまざん》を教へられた御蔭で、玉算は一人前になった。鷺島へも月に十日位宛《ずつ》手伝をしたが、報酬として衣類や模範中学会の会費を貰って来たが、衣類等は僕の眼中には無かった。鷺島の農事手伝には、雇人等と交って仕事をしたが、僕もまるで農事雇人の有様であった。未だ体力の充分でないのに、毎日過激な労働をしたから、夜になると殆んど神経朦朧として、少しも講義録の勉強は進捗せなんだ。ただただ講義録の冊数が毎月毎月多くなって来るばかりであった。会員倶楽部の欄には、随分暇があって勉強が出来さうな人ばかり出て居る。実に羨しく思った。

僕が農業を始めた時の養家の状態は、実に目もあてられぬほど貧弱であった。馬は勿論、農具でも役に立つのは何一つない。米は皆買って食べて居った位だから、種子の籾まで質屋に行って居る。山なすものは負債ばかりであった。毎日仕事に出るには、一々気の毒な思ひして近隣の人々から借りる。借りに行く時の心持は、何んと形容も出ない程苦しい血の涙を流さねばならぬ。加へ農家は四季に従って作物を栽培して居る。或る種の農具を使ふ期節が来ると、何処《どこ》の家でも必要である。これが為に借りられないで、仕事の予定を実施出来ない事が度々あった。

さりとて新調するには金銭から先だが、農具どころか食物に追求せられて居るではないか。

その頃、耕作して居った田が一反八畝《たんせ》、畑が一反二畝ばかりで、僕が今小作人として農業に従事するには、僅《わずか》に五分の一にも当らない。*急に拡張したくも、地所を貸してくれる人はない。人は初めから信用を得らるるものでない。信用の二文字は正直と勤勉と義を重んずる事とに依って固められたのである。

父の時代に貧乏して、小作米もろくろく納められなんだ為、今僕が農業を始めても信用がない。増して、高等小学卒業したばかりの一青年に田畑を安々と貸してくれる人もない。実家までは二里以上もある。実家の土地を借りて耕作する事は無論不可能であると、東奔西走した結果、管間村の叔父の保証で、池田前に二反歩の田を借りた。これは管間村の飯島音といふ富豪の田であった。外に遠藤倉吉氏の杉山を開墾するを約した。

しかし、これらの土地では農業としてはとても足りない。仕方がないから、家の仕事の余裕があれば日庸《ひやとい》にも出る。土方仕事でも、荷車引きでも、労働といふ労働は何んでもやって、家計の足り合ひにした。土方仕事等では、実に残酷に使はれた。毎日朝早くから、弁当持参で、夕方月の輝くまで、重い土をかつがせられて、僅《わずか》に一日二十銭で米一升買ふと何程も残らない。それでも生計に苦しければ、仕方がない。行き続けたが、仕事師の富頭に頼んで、福五寺村の坂入金作といふ金満家の所に建築事業に行った。ここでは一日三十銭で、未成年ながらも、略《ほぼ》一人前の給料を得た。それが為には随分難儀もしたものだ。富頭が家に運ぶ薪を、毎夕遠い路を背負はせられたり、或《あるい》は道具の籃《かご》を負はせられたりした。

将来世界一に、将軍なりたいと思って居る野心家も、土方の頭や仕事師の籃を背負せられると思ふと、自分ながら可笑《おか》しくなった事もあった。嗚呼、韓信は幼［年］時、人の股をくぐったが、後に立派な将軍となった。僕の境遇も実に韓信と異なる所はあるまいか？

＊　一反は三〇〇坪、一畝は三〇坪。

養父は春から夏は木挽を業とし、秋は摺臼《すりうす》の製造を業として居ったが、父が得た金は米を買ふ為に使用せられたのである。雨天の時は、僕は父と共に莚《むしろ》織《おり》をした。一人の時は縄なひもした。斯《こ》うして貯へた藁《わら》細工品は、実家に持って行って売った。

明治四十一年の冬季は雨勝ちであったので、藁工品は沢山貯《たま》ったが、父が思ふ様に稼《かせぎ》に出られなんだので、貧しい不景気な四十二年を迎へねばならなんだ。百姓はしたが、年の暮れには早や米はなかった。借金取りはどんどんやって来る。中々支払は出来ない。

新年を迎へるにも、糯米《もちごめ》もない悲惨な有様であった。しかし、何が何んでも新年を迎へない訳には行かぬ。仕方がない。僕は大晦日の雪の降る日、或る人から荷車を借りて、藁細工品を積んで実家に行った。そして、その代金を得て帰ったが、道中は夜であった。雪が積んで車も中々動かない。大鳥新道に通りかかったのは夜の十時頃であった。大吹雪であったから、何時も人通りの多い道でも誰にも会はぬ。ただ郵便配達に会っただけであった。つくづく考へながら荷車を引いた。僕は急に悲しくなって、熱い涙を落しながらすすり泣きに泣いた。家に帰ったら、養父も養母も気の毒に思ったらしく、漏《もら》した懐かしい言葉もなみだ声であった。

平素依頼心を制して居った僕もこの時ばかりは破れて、「なぜ僕の実家では養家を助けてくれないのだらう？　なぜ実親は僕にばかりこんなに憂き目を見せるであらう？　他の兄弟は安楽に暮して居るのに」と思った。

明けた年は四十二年であった。新年の始に当って、今年こそは昨年来の貧困を取り返してやりたいと考へ、先づ金銭出納帳も一月から整へ、自らこれが記入を掌《つかさど》った。農事も拡張する考へで多くの地主に対して土地の借用を申し込んだ。しかし信用が少ない為、利益のある耕地の借用は中々困難であった。やうやうの事で数反歩の乾田を借用した。しかし未だ我家の能力を充す事を出来なんだから、相変らず日庸や土方仕事に出ねばならなんだ。

決心を強固にして働いた結果、その年は少しく暮し向《むき》も楽になった。借財も一時的に滞り防ぐ事も出来、飯米も半年分位は貯へられた。馬が無かったから、運搬の用に荷車も購《あがの》ふた。身体は益々発達して、仕事は早や一人前以上になった。そこで始めて、地主の信用も生れて来たのである。土地も借り受けるのに容易になって、その年中に一町歩に近い耕地を得た。堆積肥料の研究には熱心に趣味を以て遂行した結果、人々から賞揚される様になった。従って、二毛作の栽培に好成績を得たのである。

農業はいよいよ発展の途に就いた。しかし、将来に肝要な修学は進歩を見る事は出来なんだ。昼夜寝食を忘れて家業に精励した為、殆んど書物を繙《ひもと》く暇が得られない。加え折悪《おりあ》しく、帝国模範中学会は破産閉会したので、僅か一年半で講義録の講読も中絶した。

明治四十三年になって、一月実家に行った。正一郎兄は医師になって、長野県木曾郡の某病院にあったが、佐多次郎兄は学説の後期試験に合格して帰省して居った。僕は佐多次郎兄から学問の等閑に附すべからざる事を懇々と説明され、かつ県立師範学校に入学して修学すべき事を勧められた。しかし僕は軍人志願であったから、師範学校は拒絶した。しかるに兄は、師範卒業後は一年志願も出来、又陸士の受験する事も差支《さしつかえ》ないと説いた。家事に全力を傾注して居った僕は、今やうやう芽が生ひ立った。農事を抛《なげう》って師範に入るのは予定に反すると思って同意しなかったが、当時師範の四年級であった東の朝之助氏から種々説明された。何《いず》れも佐多次郎兄の説と変った所はない。彼は尚言った。勉学は目前に当《あ》てなしでは立派な進歩は見られない。受験の結果と入校と否とは別問題して、とにかく一度自分の実力を自覚する必要上受験したら如何と勧めた。

農業に精励した僕は、世間の人に、農事を中絶して他に方針を取るであらう等とは夢にも思はれなんだ。まして少年時代の腕白に反へて、今は善良青年、模範青年と謳はれたのであったから、将来は農業で送るであらうと思はれた。彼等は常に言った。

「菊平さんも良い子を貰った。もう〆《しめ》たものだ。財政は年々余裕が出来て来るからあの人も以後四、五年のしんぼうで楽になる。養子もあんなに当《あた》れば大したものだ。まるで金箱だなあ！」

養父は僕の心を知って居った。小学校卒業の際請願した修学の事件があったから、心の奥には慮《おもんぱか》りは去らなんで残って居った。それ故、何とかして僕を農業化させようと努力した。僕が学問して居るのを見るとその事を思ひ出すのか甚《はなは》だ不機嫌であった。斯様な有様であったから、師範の入学試験を受くる事など勧誘されても籍が養家にあった為、その方法を立つる事が出来なんだ。

明治四十三年度も、農業は好成績、かつ二毛作の栽培に優秀であったので、池田村の農事奨励会から賞状まで得た。滑稽な事には、村の老年の農夫が僕の所に二毛作の栽培法を問ひに来る。まるで十七八歳の青年が師匠然たる有様であった。その年は翌年の飯米を全部繰越す事が出来たので、僕の計画も予定通り進捗する事が出来るかと、自分の心の中で喜んで居った。

佐多次郎兄の説明を聞いて以来、断片零砕《れいさい》の時間でも、これを利用して修学に供するやうになったので、普通学の程度も漸次向上されて来た。幸ひ、遠藤誠君の紹介に依って、田水山小学校長の安達先生やその他の先生に就いて、夜間、美術や国漢文を修得する事が出来た。日中は盛んに田畑を耕耘《こううん》して疲れた身でも、夜学に欠席する事なく、毎夜十時まで は勉強した。しかし養父は、僕が学校から帰るまでは、必ず夜業をしながら待って居ってくれた。その温かな情愛は今でも忘れる事の出来ないものである。

養家の三人の弟妹も大分大きくなって、弟の卯一は小学校に通学して居ったが、妹のミネは尋常小学校だけ終了して、ぼつぼつ家業の手伝《てつだい》を始めた。僕は自ら卯一を養家の相続人に選定して、自分の軍人志望には甚だ幸福であると、一人密《ひそか》に喜んで居った。そこで僕は一策を案出した。

「将来目的を遂行する上に於て、籍が養家にあると、養親の不賛成を招いて甚だ都合が悪い。養親の反対を避けて目的を遂行するには、どうしても籍が実家になければ駄目である」といよいよ転籍を決心した。

実父にもその理由を述べて、その手続に着手して見たら、平素の情愛が実親以上であったから、養親も僕の心を疑問に思ふ点もなく容易に実施されて、僕は再び鈴木の姓に立ち返ったのであった。しかし、この転籍を容易に実施し得たのは、養親に一つの計画があったからであるとは後になって判明した。僕は杉木の叔母からそれを伝へられた。それは、将来僕をして養家の妹と婣組させる計画であった。それ故養親は僕の籍を戻して置いたら表面上都合が良いと思ったらしかった。

籍を実家に移してからは、従来以上家業に勉励して、養親の慮《おもんぱか》りを一掃せしめた。耕地も益々拡張して遂に田中村一の大小作人となった。強壮な農馬も求めた。しかし過度に急劇に拡張したので、従来少なき小作人の生活に馴れて居った養親も不尠《すくなからず》骨が折れた。それ故この大拡張に対して反対が非常なものであった。しかし、その頃養家の農業は僕の掌中にあったから、その反対は受け附なんだ。実は僕は相当の利益ある事を確信して居り、かつ事実に於いて父母に有益であり、かつ孝なる事業であれば、父母の反対を拒絶した位の表面の不孝は眼中になかった程、将来の目的に達する事を急いで居った。それ故一刻も早く父母に生活の余裕を与へたい。予定の二十歳の年齢までには確実な礎を築いて上げたい。しかし、二十歳の年齢は目前に迫って居る。父母の言葉に委せて緩慢な方法を取って居っては一大事と思って居ったのである。

修学も間断なく続行して居った。いよいよ実力も試験して見たくなったが、今度は戸籍謄本を得るに、鳥羽の役場で取扱はれるから、甚だ都合がよくなった。

それで四十三年の一月、県立の師範学校に願書を出して二月になって受験の手続をした。しかし養親には秘密であった。鷺島に行って農事の手伝すると家を出た僕は、実父から衣類を借り旅費を貰って、凩《こがらし》吹く寒空に下館町に急行した。養家に余裕をつくる事とにのみ熱中して居ったから、衣類の準備などは眼中になかったので、外出の着物も持たなんだのである。駅から水戸行の列車に乗り込んだが、筑波山麓の一農村に育った僕は、その時初めて汽車旅行をするのだ。又土浦や下館より大きな都会は見た事がないのであった。幸ひ、汽車中で同志の受検生に会って安心した。窓外の景色を眺めながら汽車に運ばれて、その日午後六時過ぎに水戸に着いた。

原《もと》より僕は師範に入学する考へもない。実力の試験に来たのだから、試験とても別に勉強もせなんだ。ただ、水戸市内外の見物に多大の時間を費した。日本三公園の一《ひとつ》なる常磐*も、梅が二枝三枝づつ日当りの良い処から咲きかけて居った。親から学資得て学の道にたづさはって居る学生どもの、花の香によいながら楽しさうに散歩して居るのを見ては、自分の境遇と比較し、憂き世の感に打たれた。否、寧ろ社会の不公平を怨んだのである。初めて兵営も見た。快活に走り廻る将校の乗馬姿を見ては、我将来を案じた。

到着の翌日、身体検査と体操の試験があった。身体には申し分がない。その翌日が美術と国語の試験であったが、この試験の結果で志願者の二分の一もはねられた。選抜試験など受けた事のない僕は不思議にもパスした。第三日目第四日目と試験を続行せられるうちに、どんどんはねられて、最後の口頭試験を受けたものは、志願者の十分の一にも充たなんだ。農村の労働者が最後まで残されたのは実に奇怪であった。中学二、三年も修業して受験した者でも、随分はねられて居る。

後日、合格者に数へられなんだが、僕はこの試験で大に自信を得た。未だ頭は腐って居らぬ。少し努力すれば、将来の活動の端緒は開く事が出来るであらうと思った。しかし、小学校時代に自分より左翼であった者**が合格して居るのを見ると、奮発心を起さないわけには行かなんだ。

何時となく近村の受験者からこの事が漏れて、村の青年に知れたので、彼等にさんざん嘲笑された。残念さに、いよいよ学事に志してその恥辱を濯《そそ》ぐの時期を待った。

尤《もっと》も、彼等が嘲笑するのは他に原因があったのである。僕は村の青年とは志が合はなんだ。彼等と一風変って居った。彼等の堕落の仲間には入らない。彼等の無貞操な行為は何処までも攻撃して居ったからである。

明治四十三年頃から村の若士《わかいし》団に入団を勧誘されたが、彼等の堕落な行を嫌って入団せなんだ。しかし相当の年齢が来ては、若士団に入って村の公共事業等に加勢するのは村民の義務であった。翌四十四年も盛に勧誘されたので、止むを得ず入団した。実は旧式の若士団を打破して新式の青年団を組織してやりたいといふ野心が、満々として居ったのであった。それで新入団者にも不係《かかわらず》早々その議論を吐いた。一時は先輩から怨《うらみ》を受けたが、村の有志連が尽力してくれて、遂に目的を達し得た。

村内の便宜を計り公共事業に勤め、かつ村内青年の弊風《へいふう》を矯正して親睦を計るを目的とする自強青年団なるものが組織された。発会式には、主唱者の一人として僕も肩幅広く祝

＊　偕楽園の別名。
＊＊　右から成績順に並ぶ席次で左側の生徒。

辞を読んだ。

その後、近隣の村々にも青年団の成立を見る様になった。しかし青年の弊風は依然として残って居った。彼等には、学問など言ふ学の字も頭には宿して居らぬ。暇さいえあれば婦女子を誘惑するとか、さもなくば料理店か遊廓にでも行く考の外ない。さうして、死に金を使ふ金の出処がなくなると、親の米俵でも何でも無断でかつぎ出して、花柳界に捨てる金をこしらへる、実に問題にならぬ奴が多かった。

僕は小野村君と志を同じうして、彼等とは真の交を絶って居った。しかし、小野村君も何時の間にか感化されて女に手を出し始めたが、遂ひに僕から探知されて猛烈な忠告を食《くら》った。僕は孤立しても志は屈服しなかった。貞操は神に誓って居ったのである。青年会に行っても真面目な話ばかりして居ったから、堕落な連中にはあまり好かれなんだ。小野村君は軍隊に行ってから覚《さと》ったらしく、僕の忠言に対し度々謝状を送った。余程学問の必要が感じて後悔したらしくあった。

斯様な決心で勉強したから、農事に忙殺されて居ったと言ひながら、師範試験失敗以来、一段の進歩をした。代数も独習で一次方程式まではすらすら解いた。漢文も日本外史を容易に読めるようになった。ただ英語だけは独習では駄目であったから、手を出さなんだ。これが一大欠陥であった。将来英語の研究に苦しめられたのも、ここに原因があったのである。その頃、成功といふ雑誌を読んで見たら、陸軍砲兵工科学校の説明が書いてあった。始めは僕も欲しなかった。工業など研究して見たところで仕方がないのみならず、卒業しても下士より上に昇進出来ない。いっそ下士志願して、任官後陸士の受験するが得策と考へて居ったからである。

水戸連隊区司令官歩兵中佐久世為一郎殿は、砲兵工科学校の志願を奨励して居った人であった。当時全国に在郷軍人会の創立を見るに至ったので、司令官はこれを介して県下の青年に勧めた。丁度僕が実家に帰った時、在郷軍人の古橋太三郎さんからその話が持ち出された。僕は精細に調査して見ると、中々馬鹿にする処でない。入学試験も適当にむつかしい相《そう》だ。氏の言ふには、

「現役下士から陸士の受験するものも沢山ある。しかし、合格者は殆んど砲兵工長に限られて居る。他の下士は砲兵工長に比して普通学の程度が甚だ劣って居る。そればかりでない。業務の関係上、営内で独習して普通学の程度を進める事や、受験準備する事は甚だ困難である。だが、砲兵工長は在校時代陸士受験に必要な普通学、殊に重要な数学と物理化学は、中学以上の力をつけらるるから、甚だ好都合である。水戸では毎年三十名内外の受験者がある。中には中等程度学校を踏んで居るもの、小学校教員なども少くないが、合格するものは年年一名か二名である。」

話を聞いて見ると受験して見たくなる。僕の境遇に取っては陸軍志願に最も好都合であると思って居ると、折よく実家の親類の伊讃村の高田子之吉が御客に来た。同君の話を聞いて見ると

「僕の友人に、砲兵工科学校の受験した者がある。氏は落第したが、試験の程度は精しく知って居る筈だ。何れ帰宅したら紹介して御手紙を上げませう。」

やがて高田君から工科学校の入学試験の程度を知らして来た。開いて見ると、中々にむつかしい。用器画もある。いよいよ志願して見たくなった。それから、その方面に目標を定めて勉強に取りかかった。図学も独習して、平面幾何図法だけは容易になった。

明治四十五年も七月になった。畏くも　明治陛下には御病の床に就かせ給ふたとの事、新聞紙は盛に国民に告げた。国民は愴《そう》然として陛下の御全快を祈ったが、その甲斐もなく八月三十日の午前零時　明治陛下には昇天せられ給ふたのである。我が国文明発達の基を築き給へ、日清日露の両役には国威を宇内《うだい》に輝《かがやか》し、強硬なる軍隊を養成して国民を安んぜ給へし　叡聖文武なる明治陛下の崩御を伝へられた吾人は、袖の涙も乾く暇がなかったのである。嗚呼、あの明治四十年下館町に拝し奉った御英姿は早や逝かせ給ふたのかと、僕はその考へが頭に深く残ったのである。

同日　今上陛下御即位し給へ、翌日我が陸海軍に尊き御勅諭を賜はった。

明治陛下の功臣乃木将軍も殉死せられて、国民に鑑《かん》を垂れた。実にこの大正元年は、僕には悲しい年であった。又発奮の多い年であった。しかしこの年の末には、我が目的は確実に実施の端緒を開かれたのである。

農事拡張は僕が養家に就業中の頂点に達して、田畑三町歩の耕耘を行ひ、村一の小作人であったが、その年は豊作であって、小作米を支払へ、飯米を翌年に繰越《い》した残りが、三十俵も売却する事が出来たので、売り払ってあった家も屋敷も取り戻した。雨屋も肥料小屋も建築し、農具も全部揃って、一人前の農家になった。従来、農具や農馬を他人から借りて使って居った身分も、今は他人に貸す様になった。あの時の涙は喜びとなって現れ、苦心の油は成功の燈《ともしび》となったのである。僕は、自ら他人に農具を借りるときの苦しさを忘れない。気の毒さを心に残してあるから、他人に貸す身分になって借りる人に同情する事は勉めて心を励ました。

僕は小康を得て斯《こ》う思った。

「いよいよ今後一年の努力で予定の二十歳が来る。来年が今年の調子に行けば養父の借金を全部返済する事が出来る。かつ生計の余裕も生ずるであらう。その後は僕が去っても養父は困窮する事はあるまい。妹も弟も年々《としどし》役に立って来る。養父も未だ五十歳であるから家計を立って行くには立派なものだ。いよいよ僕も目的に向って準備せねばならぬ。」

小学校卒業の際計画した予定が満足に行く事が殆んど明《あきらか》になったのを知った時の嬉《うれ》しさは、譬《たと》ふるに物もない。それまでの苦も労も忘れて神に謝した。

四、陸軍志願

大正二年二月、心を決して砲兵工長候補者の志願書を出した。しかしその事は実家以外には知られて居らぬ。養親は勿論養家の地主側には秘密に附して置いた。その当時僕は、村内はもとより近村に聞いた模範青年で、地主の信用は非常なものであったから、農業を断念する事が彼等の耳に入ると都合が悪くあったのである。殊に池田村の助川太重郎さんにその事が知れては一大事であった。氏は僕の農業には非常なる助力者の一人で、耕地も多く貸し附けてくれ、飯米から農具、肥料代、植付費等に至るまで、一々心配してくれた恩人である。僕が計画を実行し得たのは、氏の助力に依る処が多い。氏は僕が未だ信用のない時代から、而《しか》も他村から村の地主に先立って、金［を貸］してくれたのである。

養親は平素、僕が忙はしい農事に従事して居りながらも修学に努力して居るのを見て居ったから、僕の心を屈《ま》ぐる事が到底不可能である事は知って居られたらしいが、僕は砲兵工長の志願をした事を親に告げて力を落さるよりは、いよいよまで秘して居って、親の心を安んじて居った方がよいと思ったから、その事は告げない。その年、適齢の一年前であったが、僕は不孝にも養親を欺いて今年が徴兵適齢だと告げて居った。実は砲兵工長候補者の身体検査は、その地の徴兵検査と同時に同所で行はれるといふ事を知って居ったから、斯様な策に出たのであった。

佐多次郎兄は試験に合格して、僕が実家に手伝に行って居る大正二年の四月、帰省した。折しも桜も満開で、野山に遊ぶには甚だ良い時期であったから、僕は兄と共に筑波山に登山した。道中は種々兄と物語りながら、僕の将来を談じた。僕も砲兵工科学校に志願書を出した事を語ったので、兄から今年田植終了後、兄の許《もと》に行って入学試験準備をする事を許された。

正一郎兄は、長野県から帰って一度実家で開業したが、身体不健康の為、転じて房洲海岸に近い千葉県安房郡吉尾村に開業した。佐多次郎兄も、やがて栃木県佐野町に開業した。患者が多く多忙を極めて居ったらしく、僕に速《すみやか》に来いと度々手紙を遣《よこさ》れた。しかし、僕が主任になって養家の農業を営んで居ったから、田植も終らず、又身体検査も終らずに手を放す事は出来なんだ。

身体検査は田植の真最中、下妻町で実施されたが、体格は壮丁以上で甲種合格であった。司令官は親切にも、昨年試験した試験問題まで参考にせよと見せてくれた。検査終って養家に帰った。僕は身体検査合格の結果、砲兵工長志願した事を養父母に告げた。これを告げる事は心中慮《おもんぱか》って居ったが、幸ひ、養父母にも異議はなかった。否、異議はあったに相違なかったが、今まで真面目《まじめ》に家業に従事して居った為、異議唱へ難《がた》くあったであらう。田植終了後、佐野町の兄の許《もと》に行って受験準備する事にも同意してくれた。

その後はまるで業務の引継《ひきつぎ》でもする様に、一々養家の農事やら地主との関係やらを養親に申し送った。田植は終了した。大体の業務も申送《もうしおくり》［も］済んだ。いざとなって見ると、去った後の心配が胸にどっと寄せてくる。中々いさぎよく出発出来ない。遂ひ遂ひ延期延期で、田植終了後一ヶ月半も経過した。麦作の取りまでやら、田の草取りやらと、忙はしく立ち廻って、殆んど主なる仕事は完了した。養親も気毒に思って、どうせ行くなら早く行って、少しづつでも勉強の時間を多くしたらよいと勧めてくれたが、僕が去ったら養親はどの位骨が折れるであらうと思ひやっては、延期して自分の準備日数を縮小したのである。

七月も下旬に入った。数へて見ると、試験までの日数は残る処《ところ》五十日に足らない。養家も大切であるが、今度の試験に落第したら一大事といよいよ出発に意を決した。

今まで愛撫して居った農馬にも暇《いとま》して、今は最後の野廻《のまわり》かと、耕作地を一周したのも、皆物悲しい涙の中であった。

勇み生ひ立って居った若稲も今日に限って元気なさげだ。宛《あたか》も主人と別れをするものゝ様に、軽くざわ〳〵して居った。その年の二毛作は好成績であった。僕が出発の前、これを売り払って現金にしたので、養父から修学中の費用にせよと、十円程貰って出発の準備も整へた。荷造した書物と着物は愛馬に負はせて、父に実家まで送らるる事になった。

養家を出るに際し、母からも祖母からも、

「家は決して心配はないから、身体を大切にして勉強してくれ」

と言葉を賜はった時は、一時に涙が湧き出て、二度後を向けなんだ。父に送られて養家を後にした。村の人々は今まで熱心に働いて居った、僕が何処かに行って終《しま》ふと思ったらしく、会ふ人も会ふ人も、皆眼の玉を丸くして見て居る。

中根坂を上りつめたら村の人にも会はなくなった。暑い暑い夏の道に父と共に語りながら、やがて実家に着いた。

鷺島の父母と養父と僕と語りながら昼食も済んだ。話は尚《なお》進んで居ったが、僕には後に残して来た農作物と温い情のある母を思ひ出して胸が迫り、涙が溢れてその場に居られない。便所に行って一人つくづく泣いて居った。やがて養父が帰ると聞いて門まで見送ったが、養父も涙ぐんで元気がなかった。懐しい声で僕に告げた。

「後は心配はない。安心して勉強するがよい。今は村の人が御前が去った後は如何《いかん》と注目するに相違はない。しかし乃公《おれ》は立派にやって見せる考へだ。決して家は心配するな。十分勉強して試験に合格してくれ。」

と言葉を残してその懐しい姿は馬上にあった。

僕は一歩一歩遠ざかって行く影を見送って居た。影が消えた！ 急に胸が迫った！ 熱い涙は一度にどっと注がれたのである。未だ湿《しめり》へて居る顔を押へて家に入った。これを見た母親は気の毒に思ったらしく、

「庫三もこれから勉強出来てよいが、何となく別れは艱《かた》いものだ。先づ〳〵心配せぬがよい。御前も喜びと悲《かなしみ》が一時に来たからねい。」

と慰めてくれた。その日はすぐに、実家の雇人の清八君に送られて下館駅に行った。清八君とも別れた。汽笛一声、小山《おやま》に向った吾等《われら》は絹川《きぬがわ》にかかった。

川島駅のかなたに見ゆるのは飯島の原である。明治四十年、先の帝が観兵式を行はせられた原を見てはあの昔拝し奉った明治陛下の御英姿を思ひ浮べた。

我等は、明治の聖代には何の役にも立たなんだ。この大正の時代こそ、吾等の活動すべ

き御代である。吾等《われら》は今上《きんじょう》陛下の為に奉公すべき身であると思ひ続けながら、絹の清流も打ち渡って小山に着いた。漸《しばら》く待って高崎線に乗り移り、佐野町に着いたのは夜の八時頃であった。地理も不分明であったから、兄の宅まで人力車を雇った。

黒門の前に行くと、街燈の輝で鈴木医院といふ大表札が見えた。下車して玄関に立つと義姉の妹に当るきよ子さんが出て取り附いでくれた。直に奥に行って姉と語りながら夕食を喫した。兄は久しく延期して置いた開業式が今日実施されるので、宅には居らなんだ。兄の帰る間にきよ子さんの案内で町に出て修学に必要な品物を購入した。その夜は疲れて居ったから、早く眠れたが、悲しい夢は夜半に我が安眠を破ったのである。

今宵《こよい》養家では、急に寂寞《せきばく》の感に打たれて居るであらう。家内の者は安らかに眠れたであらうか？　農馬は主人を失って悲しんで居りはせぬか。残して来た作物は何《ど》うなるであらうと思ひ出し、枕覆《まくらおおい》も何時《いつ》となく湿《しめ》りはてたが、やがて夜は明けた。翌日兄から種々と勉強の方法やら手伝すべき仕事の種類などを教へられた。

兄の家は、前に安蘇郡の税務署の跡で、大きな間が沢山ある。僕は朝夕その清潔整頓をし、日中は薬室にあって調剤をするのが仕事であったが、日中の大部分と夜間は勉強する余裕があった。

今までの農業生活に比べると幾倍か勉学も出来た。しかし、過度の勉強と養家の心配で、最初は少しでも暇があると直に睡気がさして来た。のみならず、来た当初は毎日養家の事ばかり思って、薬室の中で何時も泣いて居った。養父から手紙が来ると、胸をさかるるばかりの感に攻められた。遂に心経衰弱に襲はれ、目まいがするやうになって、或る日、砂礫の上に卒倒した。やがて兄の手当で病気も全快したが、その後は心を締めて、男子たるものが斯様《かよう》な気の弱い事では軍人に不適当であると自ら心に鞭撻して、熱心に勉強した。

養家を出る際、養父から頂いた金は七円以上残って居ったが、町内の永楽屋書店に書籍買ひに行って盗まれて終《しま》ったので、その後は兄から小遣を貰って必要書籍文具等も買ひ入れた。

佐野町は木綿縮《ちぢみ》の名産地で、町は中々に繁華で、町内の設備もよく出来て居る。佐野城跡は美しい公園になって残って居る。その傍らに立派な天満宮がある。僕も時々散歩して、盛りの萩の中など歩行した。夏の暑さも漸く去って、つくつくぼふしは昼に、松虫鈴虫は夜に、共に秋を語るのシーズンはこの町にも来た。作文の練習をする時は、町の傍《かたわら》を走る利根川より清流に臨んで、名家の文を読んで自然の景と対照した。これは疲れた頭を癒《いや》するに最良手段であった。

早稲田は穂を揃へ、気候はいよいよ涼しくなったが、僕は精神の修養上、毎朝水浴して成功を神に祈り、明治陛下から賜った軍人への勅諭《ちょくゆ》を奉読した。養家を去って悲しい日を送り居るのは、長々しいやうであったが、過ぎて見れば早いもの。九月十四日、一日一日と近づいて来た。試験の準備もやるだけの事は出来た。

九月十二日になって、兄から受験に要する旅費を貰って佐野を辞した。兄は、試験終了後再び佐野に来て勉強せよと言って居ったが、僕は養家の農事を手伝って、一先《ひとま》づ整理する予定があったから、兄の言葉に従はれなんだ。道中は妹のとく子と道連れであった。とく子は病気療養の為、佐野町に行って居ったのであった。

我が乗る汽車は佐野町を発した。五十日でも住めば懐しいやうな感があった。実家に着いたら、八郎兄は定例休暇を実施して帰省して居った。兄から受験の注意など聞いて、翌日朝早く下館駅から水戸行の列車に身を投じた。赤塚駅で下車し、歩兵第二連隊*前に行って銚子《ちょうし》屋旅館に宿泊する事に定めた。宿には鹿島郡から来た同志の受験者が居った。共に水戸連隊区司令部**に行って、止宿《ししゅく》届を出した。二年前に跋渉《ばっしょう》した市中もさほど変化もないが、あの時の状況を思ひ出して何となく可笑《おか》しくあった。

翌十四日から歩兵第二連隊の下士集会所で受験した。第一日が地理と作文、第二日は算術と理科であった。算術の完全な答解を出した人は二三名であったと聞いて少しは安心した。しかし僕などよりも素養の高い者ばかり三十二名もあったのだから、中々に立派な競争場裡であった。昨年三十名の受験者中合格者が一名であったと聞いてびっくりした。第四日は国語と歴史、第五日は国学で試験は終了した。

神の助《たすけ》か、勉強の効か、大分出来がよい。殊に算術と国学は、自分は完全なものと思った。十七日の夕《ゆうべ》、汽車で赤塚を発した。共に水戸で試験を受けた一人の学生らしいものと共に乗り込んだが、彼は大学と書いてある帽章を附けて居った。試験の模様など語り合った僕は彼の様子を見て自分の素養の下《ひく》い廉《かど》から大分謙遜に出て居ったが、段々話して見るとあまり出来て居らんらしくあった。大学の帽章をつけた人でもこの位の価格かと安心し、かつ驚いた。

下館駅に着いたのは夜の八時であった。旧暦の八月十六日で、月は殆んど円く輝いて居った。道を急いで実家に着くと実家は鎮守祭からの客続きで村長やら役場員やら小学校の先生やらが沢山来て未だ宴会も酣《たけなわ》であった。何時も元気のよい広瀬村長は「庫さん試験はどうだった？　先づここへ来て一盃やったらよかんべい」と叫んだ。

村長の勧めで一盃受けて試験の模様など物語った。長らく町の活計《かっけい》の中にあった僕は鎮守祭の残り物ではあったが、豊富な農家の御馳走に舌鼓を打って、翌日から二三日大豆の

*　水戸が編成地の第一七師団所属の連隊。

**　現在は茨城大学が置かれている。

取り入れを手伝った。試験の合格不合格は分らないが、とにかく十二月まで手伝へと母から命ぜられたが、僕は養家が心配で居たまらない。数日の後、暇を貰って田中に帰った。真先に僕の姿を見つけた祖母は言った。

「来たぞや菊平！　庫三が帰ってきたよ」

とさも嬉しげな声が耳に入った。家に入ると皆の満面には喜びの笑みが現れて居った。僕も皆様に挨拶をしたが、喜びの涙の中にあった。それから直に厩に飛んで行った。愛馬は未だ主の顔を忘れぬらしく入口から僕の方に顔を出して愛らしい眼で見ながら嘶《いなな》いた。

「御前も御苦労だったな」と僕は厩《うまや》の前にあった青草を与へて撫でた。

厩の二階を見たら数年前池田村に日庸に行った帰り麦畑で拾って来た三毛猫がにやにやして居った。「おほ！　御前も未だ居ったか」と懐しさに一言漏した。やがて愛馬の背を借りて親友であった耕作地を一周した。その後の手入に皆様が努力してくれたと見えて稲も立派に穂を揃《そろ》へて居った。途中助川さんにも挨拶して昔日の御尽力を謝した。

そこで始めて胸が落ちついた。二ヶ月のアブセンス中の出来事を聞きかつ語ったが、その楽みは言葉に尽せない程度であった。

翌日から早速鍬《くわ》を持って養親の手伝に着手した。忙《せ》はしい農家の秋が来た。田一面の黄金の稲は秋風に波打って居る。筑波の山は錦を着けて関東平野の片田舎を飾った。西には作岡の台の雑木林が紅葉して、波山の高いのに応じて居った。

十月も半過ぎて、或日茨城新聞に現れたのが砲兵工長候補者の採用者。本年は水戸連隊区も今までに例のない好成績で、四名の採用者を出した。その一番最初に掲載してあった姓名は鈴木庫三であった。新聞を見ただけでは安心が出来ぬ。直に役場に行って官報を借りて見たら九拾五名の採用者中で僕が八番であった。僕は真心から神に謝して今後身を君国に捧げて奉公すべき事を誓言した。

田水山村長の遠藤栄さんは、僕の様な貧家の青年が官報を見に来たなんて不思議に思ったらしく
村長「何からうまい事があるかい」と尋ねかけた。

僕「一寸見たい事がありましたから」

と答へて、他は皆沈黙に附して家に帰った。養家でも皆が喜んだ。実父からも合格通知の手紙が来た。その日の喜びは宛も夢を見るの感であった。いよいよ陸軍出身の端緒が開かれたかと思ふと、浦島太郎が蓬萊宮にでも行ったかの様であった。

「嗚呼！　天は自ら助くる者を助くと言ふ諺があるが熱心は恐ろしいもの。受験者中で最も素養の低い農夫が合格するとは何事であらう？　これから後、最後の目的を達するまでには度々試験も受けねばならないが、とにかく全力を尽して勉強すれば必ず

神は見捨てないに相違ない！」

と思った。

大正二年も米が沢山取れた。飯米と小作米の外売り払って養父の負債を整理したが、全部整理済となった。尚来年は成るべく多くの収入がある様にと、大部分の乾田には二毛作を仕付けた。田耕《たすき》も全部終了し、稲の始末も大方済んだ。何処まで手伝ってくれても限りはないから、入校前少し休養せよ、との養親の御言葉も取り敢へず、遂ひ入校前十日まで農事に服した。気候も段々寒さに向って来て、朝は霜が白く見える。残菊も葉枯れて、花ばかり哀れに残って居る。養家を去る最後の登山と思って、筑波山に登った。谷間には未だ紅葉は残って居ったが、頂上から見渡すと眼の届く限りの平野には、刈り取られぬ稲もなかった。拝殿で成功を祈って帰ったが、十二月七日までは親戚、地主、友人等への挨拶に忙はしかった。養父から入校用の着物一重と入校後の雑費にとて、金十円を貰って入校準備も整へた。

十二月七日の朝は明けた。快晴な天気で出発には甚だ好都合であった。起床後、祖母と共に鎮守に詣でた。落葉敷く森に入ると、宮の守の長田老人は親切に大鼓を鳴らして祈禱してくれた。帰途に役場に挨拶し、養家の墓に行って、幾百年と古い苔むす石碑の沢山立ち列んで居る前に線香を捧げ、手を合して養家の為には、あくまで尽力すべき事を誓った。

今日こそ養家を辞する日である！　工科学校に入校とはいへ、軍隊に入営同様、親類の者も村の人々も見送りに来てくれたので、見送りの人々にも祝酒を出した。池田村の叔父は入校を祝ふとて、一俵の蜜柑《みかん》を寄贈して、子供等の沢山居る庭に播《ま》いた。

いよいよ出発の時刻は迫った。祖母と母からは温かい言葉を賜った。僕も弟妹に親に孝養あれと告げて起った。母は悲しい顔を見せぬようにと思ったらしく部屋に入った。

愛馬も別れ惜しげに顔を出して見送った。

北條橋のたもとに行って、友人飯岡君の発言で「鈴木君万歳」の三声裡に見送りの人々と別れた。それから先の道中は分家の叔父、杉本の石島叔父、後隣の遠藤金一郎君、及《および》池田村の助川太重郎さんと国松の吉原叔父が見送ってくれた。大島に行って、吉原叔父と助川さんには別れた。

実家に着いたのは、午前十一時頃であったが、種々準備が出来て居って、送りの人々に対して直に宴を開いて、その席で物語を始めた。宴会も半になって、僕の身の上話に移って、母から皆様に一つの話題が出た。母は述べた。

「庫三もいろいろな問題があるんですよ。今から三、四年前から、関本町の叔父の家から養子に貰いたいと申込まれて居るのですが、そこにはざっと二万ばかりの財産があって、男の子がないのです。しかし丁度年頃の娘があるので、それと取り合せをしたいといふので、あれにも話して見たが、庫は中々承諾しないんですよ。それで一昨年の正月か床飾にする鴨の標本を作る為、庫三を関本まで使《つかい》に遣ったら、その時庫三は叔父にその事を拒絶して来たとやら、後で聞かされたのです。それでもあちらでは見込みをつけて、叔父が御客に来る度その話を持ち出すのですよ。庫三さえ承知すれば、御互《おたがい》に幸福なんですが、今度軍隊に入っては、関本でも待つ事は出来ないでせうよ。」

と言葉終るや、養父の顔には少しく異様の色が閃いた。漸くあって宴会も終った。昼食も済まされたが、例の東の太三郎さんが媒酌であったから、大きな軍隊の話が出て、中々終結が見えなんだ。折しも柱時計は午後の三時を告げたので、見送りの人々も別れの辞を述べた。いざ別れとなると、涙がどっと胸に迫った。先年七月の別れと変らぬ感がした。落つる雫《しずく》を押へながら、門に出て帰りの人々を送った。分家の叔父と養父とは少し後に残って、門外に佇《たたず》んだ。養父はしばらく無言であったが、分家の叔父は言った。

叔父「今母様から御前の養子云々の話が出たったが、決して承諾してくれるなよ。養親に心配かけるからねい。」

僕「叔父さん、決して心配し給ふな。僕は何処までも田中の為には尽す考へだ。僕に取っては、養親も実親も少しも異なる点はない。僕は双方の両親中で生活に困《こま》らるる方を先に御助けするのが当然と思って居るのです。尚今後は身を立て名をあらはし、以て双方の両親の御恩の万一にも報《ほう》じたいと思って居ります。養子の件なんか、何《ど》うして私が承諾出来るものですか。先づ先づ皆さんも御身を大切にして御待ち下さい。倒れて後止《のちや》むの考へですからねい。しかし失敗したら許してください。皆さんにこの姿は見せませんぞ。」

養父「それでは別れる。家の事は決して心配するな。乃公《おれ》が足腰の自由なる間は大丈夫だからねい。今後は身体を大切にして専心勉強してくれよ。学資が入用な時は遠慮なく手紙をよこしてくれ。出来るだけの事をする考へだ。」

僕「御帰りになったら皆さんに宜しく願ひます。御叔父さんも御父さんも御身を大切に。」

話が終って三人は別れた。赤い夕日は未だ枯葉も落ち尽きない大きな欅の枝間から門の瓦に落ちて居る。懐しい二人の影は動いて行く。前の桑園の角を折れて見えなくなる。見送って二人の影は消えた。残った僕はその場に佇んで深い思ひに沈んだのである。

ふと心を引き締めると、がらがら足駄の音が近づいて来る。と思ったら妹のきいが呼びに来た。それから出直して、鎮守参拝と墓参とを済《すま》し、村内の親戚知己に挨拶に廻った。夕食が済むと、家の小作人たちや村内の人々が沢山祝の挨拶に来てくれた。実家では村の人々に見送りを取り止めて貰ふ様に告げた。

翌八日には近村の親類だけ廻り、村役場にも挨拶して、出発の準備を整へた。父も母も房洲地方遊覧の途中、僕を東京まで見送る事に決定した。

十月九日の朝日は昇る。庭の霜はきらきら輝いて金剛石の砕粉でも散布した様である。親鳥も快《こころ》よげで羽を打って鳴く。誠に快晴な天気で旅立ちには至極好都合であった。家を出たのは午前九時頃。役場の前には村長さんや兵事係の飯田君が見送りに出て居った。

村長　「おお三人連れか！　まあ庫さん、十分成功して村の名誉を代表してくれ。」

父　「役場の方は一週間ばかり欠勤するから、宜しく御頼み致します。実は房洲まで旅行してくる考へですから。」

役場員　「それでは、御機嫌よう。」

途中下館町に縁附いて居った姉の処に一寸《ちょっと》立寄った。姉のハズバンドなる植木さんは停車場まで見送ってくれた。三人は上り列車に入った。汽笛一声、機関車は小山《おやま》をさして動いた。小山から東北本線上りに乗り替へ、東京に向った。大都会の状況を知らない僕は、府下に近づいた時、上空の濁った空気と視界を遮るばかりの煙突に驚かされた。飛鳥山から上野公園下を徐行した汽車は、午後三時に上野駅に着いた。

改札口に立って居った軍服姿は八郎兄であった。三人は兄に連れられて停車場を出た。

広い停車場前を埋めて居る山なす人、洋服姿の紳士を勧《すす》むる大勢の車夫、牛か豚かの様な声を出して雑沓の中を走り廻る自動車、喧《やかま》しく音を立てて頻繁に往復する電車、何《いず》れも田舎者には見馴れぬものばかりであった。四人は九段坂行の電車に身を隠した。淀橋町の大きな踏切の手前で電車から下りた。踏切を渡って兄の宅に着いたのは午後の四時三十分。その夜はそこに一泊し、翌朝早く四人は電車で工科学校の表門までつめかけた。入校者は門前に群って居る。水戸で共に受験した藤沢、長谷川、加藤の三名もその場にあった。午前八時になると、将校と下士数名とやって来て、入校者の氏名を呼び初めた。僕は厳《いか》めし相《そう》な砲兵佐長の処へ呼び出された。本部の前に行って停《とま》ると曹長は僕等に言った。

「私は籔原《やぶはら》佐長。籔と言ふ字は竹冠に數だ。今から皆の内務班長になる様命ぜられた。皆は第二教育班の第一内務班に編入された。」

　直に入浴場に案内され、新らしい手拭一筋宛《ずつ》与へられて入浴し、医務室に行って身体検査を受けた。身体検査が済んで内務班に入ると、古生徒が数名居《お》って、我等に軍服を着せたり、靴を合したりしてくれた。父母は僕の軍服姿を見て懐しい笑を残してその場を去った。

五、砲兵工科学校に入校とその後の修学

愈々《いよいよ》軍隊、年来の志願であった軍隊生活はこれからと定まった。その日の午後一時から第三講堂に集合し学校長小室静殿から勅諭読法の奉読があって誓文式を行はれた。その夜は初めて寝台に毛布を敷いて臥することになったが、疲れて居ったから、馴れぬ床でも直に眠れた。霜の朝は明けた。勇ましい喇叭《らっぱ》がなる。何の喇叭か知らないが、朝早くなるから起床喇叭と思った。班長殿が来られて床の上げ方を教へた。廊下に整列して点呼を受けた。

それから毎日、習得する事は何もかも新らしい事ばかりで、練兵は毎日午前も午後もあったが、農業に勉励して身体を鍛錬して置いた僕には、少しも骨の折れる事はなかった。

夜間は二時間位宛《ずつ》、週番下士が陸軍礼式、軍隊内務書の必要な点や勅諭読法、各兵種の

性能やら勲章の種類等に就て学科をした。盛に敬礼演習を行って、第一回の日曜には班長殿に引率されて外出した。

市内は年末の大売出で、修飾されて宛《あたか》も花が咲いた様であった。皇城内堀の囲に沿ふて二重橋に行って宮城を遥拝した。楠公の銅像の傍らを過ぎて日比谷公園に行って休憩した。やがて参謀本部前から近歩*の傍《かたわら》を経て靖国神社に参拝して帰校した。

第二回の日曜から単独で外出を許され市中を見物したが、さすがは我が国の帝都である。田舎から出た僕には、珍らしい物ばかりであった。それに就いても思ひ出すのは、養親の御身の上で、僕一人美しい帝都を見るより、懐しい父母と共に見たら何倍かの楽しみがあるであらう。折あらば養親にも御目にかけたいと決心した。

学校の内容もよく分らないうちに大正二年は暮れて、大正三年の新年を迎へた。新年の休みには度々淀橋の兄の住ひを訪問したが、その往復、［新宿区市谷］本村町《ほんむらちょう》の高台［通称・市ヶ谷台］に聳《そび》えて居る士官学校を見る度毎に思ひ出した。

「苟《いやし》くも軍籍に身を置いたら、一度はこの学校の門を出入せねばならぬ。彼等も人間、我も人。仮《たと》へ僕は中学の課程を修めて居らぬにせよ、同じ人間であったなら、今後の

＊　近衛歩兵第一連隊、近衛歩兵第二連隊。

勉強で入学試験に合格出来ない事はあるまい。」

一月から新生徒の各工科を命ぜられて、工業学術科を教授された。僕は銃工科に拝命したが、学校の様子も馴れて来たので、生徒それぞれの素養も知る事が出来た。処《ところ》が僕の素養の低い事には驚いた。小学校卒業後農業に従事などといふものは、生徒の一割もない。何《いず》れも中学程度の学校を踏んで居るとか、小学校教員とかであったから、体力では彼等には負けなんだが、学科では随分困《くるし》められた。数学も物理化学も、その他の学科も、正式に教授されるのは今が最初で、一週に一回宛《ずつ》は何《いず》れかの学科に就いて必ず日課試験があった。その成績を見ると、僕は何時でも上位に居らぬから、入校の際右翼であって、今は左翼と思ふと恥しい感があった。

参考書は教育班長の認可あるものは読習する事が出来たが、学校の課程の研究に追求されて居った僕には、これらを読習して陸士受験の準備する余裕はなかった。斯様《かよう》な有様《ありさま》で忙《せ》はしく月日を送る間に、八月の十四日は来た。

学校は八月十四日から遊泳及測図演習の為、千葉県勝浦町に出張した。勝浦町小学校に宿泊して午前は測図演習、午後は遊泳の日課で楽しい二週間の日数を送った。勝浦湾内に山なす波を切って泳ぎ、或は太平洋の眇々《びょうびょう》たるシアフェスを見ながら海岸を散歩し、又或る時は山水秀でた地に友と遊び、或は荒れ狂ふ波の岩に散る壮烈な様を見ては、浩然の気を養って、不日《ふじつ》修学に努力すべきエネルギーを貯へたのである。遊泳終って帰校したら、早や涼風がそよぐやうになって居った。

六、陸軍士官候補生受験準備の最初

養家からは僕に心配させるやうな手紙は少しも来なかったが、九月の初旬、実父から来た手紙を見ると、養父はリウマチスに罹《かか》って労働不可能となったとやら。見るより僕の眼は曇った。胸も閉ざされた。他分父は過労したに相違はない。何れにしても罪は僕にあるのだ。これでは済まない。一刻も早く成功して親を養ふ身分にならねばならぬと考へた。学校にあっても養家の事情を思って日常勉めて倹約をして養父には一度も送金を乞ふた事はない。しかし養父は病気でありながらも僕には度々送金してくれた。送金してくれる度毎に、必要はないと手紙を上げても適当な時日が経過すると復送金してくれる。実は書物などもどんどん買ひ込んだから、実父から送金を願って居ったので、必要のない事はなかったが、病気の養父に送金を乞ふ事は出来なんだのであった。しかし、さほどにまで我が身を思って送金してくれるかと思ふと、有難さに涙を流す事も度々あった。

斯様にまで養親も実父も我が為に尽力してくれるのに、学校の課程の研究に追はれて大切な目的の準備も出来ぬやうな意気地のない事では駄目だ。いよいよこれから陸士志願の準備に取りかからねばなるまいと一策を案じた。それは進歩の遅い独習を止めて師を求むる事であった。

先づ最も大切な数学を完全にせねばならぬと、雨の烈しい日曜に外出して牛込に行った。学校の数学教員であった梅地［慎三］先生を訪問して、事情と志望とを述べた。義侠心の深い先生には快く承諾してくれて、その次から毎日曜の午前だけ教授を受ける事になった。英語は甚だ程度が低くあったから、先づ友人の村上君や江田［静蔵］君に就いてナショナルリーダーの一から研究［を］始めた。

最初学んだ数学教科書は学校の教程であったが、やがて先生の勧めによって波木井［九十郎］氏の平面幾何を研究した。一週間内に解いた問題は七、八十題も出来る。日曜が来ると勇んで先生の許に行き批評して貰ったり教はったりした。専心勉強した結果僅か二ヶ月で波木井氏の幾何は終った。梅地先生もあまり短期に終了したので、少しは驚いたらしく見えた。次に研究したのは幼年学校の立体幾何と代数の教科書であったが、その年には全部終らなんだ。しかし先生の勧めによって遠藤［又蔵］氏の平面三角［法］も合せて研究した。やがて梅地先生は府下淀橋町の閑静な片田舎に宅をかまへられたので、電車で通学する事になった。

十一月の中旬から期末試験が始められたが、あまり苦心もなく済んだ。しかし陸士の準備に熱中して居ったから、成績は少しく下った。入校の時に銃工科の四番であったが、期末試験の結果五番になった。

十一月三十日に古生徒の卒業式が挙行せられて、各工科の一番には陸軍大臣からの銀時計一個の賞与があってその午後古生徒は三等工長に任官してそれぞれ赴任地に向って出発した。しかし僕は彼等の去った後でしみじみ考へた。

「僕も学校の課程を捨て置いて陸士受験準備に熱中したが、銃工科三十五名中の五番だ。あまり悪い成績でもない。専心学校の課程に勉強すれば名誉の銀時計も得られぬ事もあるまい。しかし目前の小名誉に心酔して将来の大名誉即ち真の目標を得る準備を怠るのは馬鹿の骨頂だ。二兎追ふものは一兎だに得ずといふ事がある。銀時計の望みは絶って大目標に向って突進するが得策だ。一年も早く親を安心させねばならぬ」

と。

二年目になってからは、陸士準備に熱中したのは初年以上であった。十二月上旬、板橋の分校に行って火工術を研究した時でさいも準備は完全に行はれて居った。分校に滞在中の或る日、作業中に英語の書を手にして居《お》ったのを監督の藤井佐長に見つけられて書物を取り上げられ、大分方針を落した。これに就いては、江田君が英語でその時の状況を書いてくれた。次の英文はその写《うつし》であるが、その当時僕には単独その意味を解する事が出来ない位の英語の程度であった。江田君はその文を出して僕に言った。

「鈴木が今後二年も研究したら、よくその意を解する事が出来るだらう。君が将来の楽しみとして僕は今〔は解〕説しないで置く。」

僕はこの文を解する（辞書を用ゐないで）には今後二年も研究を要するのか？　実に馬鹿馬鹿しい程時を要するものだ。そんなに英語は六《む》つかしいのかと思った。

When I was in Itabashi detatched school, an unexpected matter happened on 10th Dec. that is, when I was reading National Reader in the works when the practice was going on, S. M. Fujii, who were standing and looking at us near by, came to me and without saying anything took my book away. That is all, but how regret thing it was! I have nothing to read after that. Again there is one thing to write. After we returned to Tokyo, I forgotten entirely to inform the cause of my mishappen to the master.

This, being considered a violation of the rules. I was not slightly scolded by S. M. Kawano again.

How poor!*

板橋から帰校すると一年生の生徒は早や入校して居った。学校も区隊編成になって、今度は将校が区隊長で内務班の組織は撤廃されたので、下士は単に区隊附と事務掛とになった。学校長も変って、三浦砲兵中佐殿が新任された。僕はその後江田君と戦友になって、英語の研究には至極好都合になった。江田君は英語では立派な成績で、外国人とも自由に会話が出来る。同君も陸士の準備には熱中して居った。僕の同志者が戦友と来ては、その親密の度も一層であった。僕は同君を梅地先生に紹介して、共に先生に就いて数学の研究した。その頃は三ヶ所に通学したのであった。午前中は新宿の梅地先生、午後は本郷の平島先生（梅地先生が選定してくれた大学生で平島敏夫といふもの、半苦学で帝大に通学して居った。）に就いて漢文の研究及《およ》び神田の独英学館で英語の研究を続けて居ったが、中々進歩も早く、一日の日曜日は実に多く使用されて居った。その頃は受験準備の熱中も極度に達しつつあった。数学は成《な》る可《べ》く自分で問題を解し、いよいよにならねば先生に尋ねないやうにした。困難な問題が出てくると、一週間も二週間も考へ続ける。遂には解ける。その完全に解けた時の嬉しさは優勝のそれにも異ならない。時には問題の解法を夢に現れる事があるので、突然眼が覚める。飛び起きて鉛筆と紙を探って実施して見ると、実際解ける事がある。熱心と言ふと実に驚いたものだ。

斯様な有様であったから、規定の睡眠時間までも削減して勉強に当てた。通常は起床喇叭より二時間乃至《ないし》三時間早起して冷水で顔を洗ひ、廊下の電燈や小使室の燈下で勉強したのであった。

＊（板橋の分校にいたとき、一二月一〇日に予期せぬ出来事が起こりました。それは、作業中に『ナショナルリーダー』を読んでいたら、近くで私たちを監視していた藤井佐長が私のところに来て、何も言わずに私の本を取り上げたのです。それだけのことですが、なんとも残念なことですよ！その後は私には読むものが何もありません。もう一つ、書くべきことがあります。私たちが東京に戻ってから、班長に私の不始末の次第を報告するのをすっかり忘れていました。
これは規律違反とみなされます。またまた川野佐長にかなりしぼられました。
なんともお粗末！——編者による訳文）

七、過失と覚醒

通学に費した日曜日は実に貴い日曜日であったから、一回休んでも不快でたまらぬ。それ故公務以外にはどんな雨雲天にも欠席する事はなかった。丁度《ちょうど》大正四年の二月であった。それが為に一大過失を犯した。

学校では腸チブスの予防接種を始めた。丁度第二回が日曜日に当るので、これを実施すると通学は不可能であった。かつ風邪の為、少しく熱があったので、取り止めてやらうと思って接種の実施は自らはせなんだ。しかし、その理由を週番下士に届け出る事を忘れて居った。接種実施者の安静中は学科も術科もないので、僕はその間は盛に勉強した。処《ところ》が天命であったか、風邪が重くなって軍医の診断を受けねばならぬ事となった。

受診の際、大竹軍医から、予防接種を実施せしや否やを尋ねられたので、僕は無断で実施せなんだ事を答へた。処が思ひもよらぬ大問題が起った。無断不実施は命令を遵奉せざる科に当って学校校則に触れた。それで校長殿から皆の前で処罰の申し渡を受けた。「命令を遵奉せざる科、重営倉一日を禁足三日に替へて処罰す。」と聞いて今更恐ろしい罪を犯した事を悔い恥辱と夢との中に在る様な感がした。

嗚呼《ああ》、嗚呼、覚めて見れば実に恐ろしい罪だ。

天皇陛下に対し奉って何の申訳がある。中隊長殿、区隊長にも申訳は立たない。陸士の受験は許可せられないか今までの準備は水泡に帰したか？　親兄弟の名誉を汚損して済まない！　今後は如何なる方針を取ったらよいのであるか？

僕の為に後から三名の同罪者が発見された。今は犯したる罪悔いるとも及ばない。この上はいさぎよく罰に服する外はないと、精神錯乱して、あれこれと考へが移った。禁足三日も後悔の中に終って同期生や関係諸官にも詫び、その後三週間程自ら謹慎して外出も止めた。しかし第一心配になるのは処罰を受けて陸軍志願は出来ないだらうと思った事である。後になって、その友人から該問題は差支ないと聞いたので、やっとの事で心の曇りが晴れた。その後は太陽の見えない日こそあれ、罪を悔いて心に鞭撻しない日はなかった。

梅地先生にも詫びて、再び温い教訓を受ける事が出来た。相変らず勉強を続けるうちに夏も来た。段々暑くなって来たと思ふと、早や八月に入った。

今年も遊泳演習は勝浦海岸で実施された。漁夫様《よう》に黒人になって身体も強壮に恢復し、大《おお》いに浩然の気を養って帰校後の勉学の資とした。帰校後は銃工に必要な革具作業も済み、秋になってから小銃機関銃、拳銃等の射撃も済んだ。菊の花匂ふ頃、銃工術の修得も終った。

初冬が来た。花壇の草花も霜にやつれた。卒業試験は目前に迫った。しかし、陸士の準備は大分進んで、その頃は既に数学も全部終へ、漢文も適当に修めた。英語は甚だ不充分で、ナショナルリーダーの三をやうやう読み終ったところであった。

野心家は銀時計を狙って、卒業試験三ヶ月も前から睡眠時間をさいて勉強して居る。僕も早起して彼等と共に勉強したが、学校の課程の勉強ではない。卒業試験の準備もしない呑気《のんき》生は、区隊中で僕と鈴木米吉君であった。野心家の青ざめた顔を見る間に卒業試験も終った。成績も発表された。

僕は今年の春犯した罪で全く上官の方針も下げて、未だ恢復も出来なんだから、卒業試験の成績は終りから数へた方が早いだろうと思って居った。処が案外、銃工科の十番であった。米吉君は銃工の最後であったが、快活な彼は「予定通りであった。しかし、陸士の受験の際は後れは取らぬぞ。」と言った。同君は語学数学理科学の成績は頗る良好で、代数などは級中で一番であったが、工業学術科と軍事学が不良の為、右の様な成績を得たのであった。僕も学科に於ては遥に自分より下等なものに先立たれた時は、犯した罪を思って甚だ残念に思った。しかしこの恥辱を濯《そそ》ぐのは努力次第で、立派な方法が生れるに相違ないと、陸士の受験のみが第一の楽しみであった。

卒業数日前、赴任地の志願をした。卒業式の前に発表されたが、僕のは一つも採用されて居らなんだ。僕の赴任地は青森歩兵第五連隊と決定した。都を後に北国の寒い所で勉強に不便を感じなければならぬ所に追ひやられるのも、皆犯した罪の為であるといよいよ奮起した。

卒業に先だち、今上《きんじょう》陛下の御即位の大典が挙行せられ、東都は四方から入り込んだ人で埋められた。

陛下は京都の式場に行幸《みゆき》せられ、やがて御還幸《ごかんこう》あらせられたが、学校でも東京駅前で奉送迎した。陸海軍軍人には特に陛下から御賜餐《しさん》があった。特赦に会って、今年の春の僕の罪も消却せられた。僕の心は感謝と喜びとに満たされた。汚れた我身も、再び陛下の御恵《みめぐみ》で清浄された。これでは親の前にも顔を出せると、僕はほっと一息ついた。それにしても陛下の御恵に感涙した事は通常ではなかった。「この身は陛下の物である」と言ふ感はより一層深くなった。

卒業式も十一月三十日に挙行せられ、例年の通り陸軍大臣の御臨席あって、各工科の首席にはそれぞれ一個の銀時計を授与された。銃工科では玉置昇五郎君であった。やがて三等銃工長に任官し歩の五附の辞令を得て、学校附の諸官に挨拶した。梅地先生や平島先生にも御別れの言葉を述べた。最後の教授を受けた日に、梅地先生とは新宿瓦斯タンクの下で記念の写真を撮影した。

卒業の夜は、学校前の旅館に一泊し、神田に行って受験準備に要する書籍を購入した。二年の間喇叭《らっぱ》によって起臥して居った身も、今宵ばかりは自由であった。床に入ったら昨日まで住んで居った学校の事やら、今後赴任すべき隊の心配、帰省の喜びやら連想して容易に眠れない。やうやく一寝の夢を結ぶ程に、早や戸樟子の開閉する響、箒の音、たたきの音などが耳に入って眼が覚めた。起き出して見ると誠によい天気で、都にも霜が白く見えた。今日は都を去る日である。快晴に元気づいて、取り急ぎ朝食も済まし、買ひ込んだ書籍をちんまりと荷造りして、上野駅に向った。

鈴木庫三「思出記」（その2）

No.

七、熊本工科学校卒業と帰省

今は住み馴れた第二の故郷、願わくは二年の蛍雪の業を修めた庭！ああ江田君！親友の江田君！！君は何処？卒業式の別れに軍衣の袖に落ちた涙は如何なる意味が含有されて居たろうう。人は岐阜と青森相離るる千数百里、流れは永劫に迷いを懐して来る。懐しい第二の故郷！花の都は遂に見えなくなった。漸くにして向いて涌沈んだ。

汽車の中では同期生の彼方君に会った。日光遊覧とやらで出張りだった。僕は小山で下車した。別れに臨んで彼方君は「君よ成功を祈って他日吉報に接せらるるのを待って居ますよ」と言ってぎゅっと僕の手を握った。僕は其汽車を見送って水戸線に乗り替えて約一時間の後下館駅に下車した。

「おや奇怪だの！道は誤って居らんか？」

大都会から田舎の所に来たら道路が非常に狭いので迷って居りはせぬかと思われた。

実家に着いたのは十二点の午後二時であった。家には 両親子

前編第二巻

八、砲兵工科学校卒業と帰省

今は住み馴れた第二の故郷。顧みれば二年の蛍雪の業を修めた処！　ああ江田〔静蔵〕君！　親友の江田君！　君は何処？　卒業式の別れに軍衣の袖に落ちた雫は如何なる意味が含有されて居ったらう？　今は岐阜と青森、相離る事、数百里。汽車は次第に速度を増して来る。懐しい第二の故郷――花の都は遂に見えなくなった。漸《しばら》くはうつ向いて沈んだ。汽車の中で同期生の坂本君に会った。日光遊覧とやらで小山まで同行した。僕は小山で下車した。別れに臨んで坂本君は「君の成功を祈って他日官報に発表せらるるのを待って居るよ」と言ってぎゅっと僕の手を握った。僕はその汽車を見送って水戸線に乗り替へた。約一時間の後下館駅に下車した。

「おほ奇怪だのー。道は誤って居らんか？」

大都会から田舎の町に来たら道路が非常に狭いので、迷って居りはせぬかと思はれた。実家に着いたのは十二月一日の午後二時であった。家にはきい子、母親ばかりで父は未だ役場から帰って居らない。

母は病気で床にあったが、僕を見て元気づかれたらしく直に起きられた。二年振りのなつかしさに何れから先に話し出したらよいか分らない。

「もう漸く聞いて下さい、母さん。忙《せ》はしがらずにきい子にも聞かして下さい。」とばかりに語り続けたが、柱時計の短針は四時をさした。やがてきいは夕飯の準備に取りかかった。僕は屋敷の周囲を一周して父の帰るのを待った。

父も今宵こそは特にうまく飲めるだらうと酒と肴とを準備した。酒盛の場で二年のアブセンス〔不在〕中の物語をした。夜も深くなって床に就いたが、中々語は止まない。十二時の時計が響くまで続いた。

翌二日、鎮守参拝、墓参等も済み、村の親戚も廻って役場に挨拶し、士官候補志願に必要な戸籍謄本も準備した。その夜も父母と尽きぬ話を続けたが、翌朝早く家を出で田中に向った。雑木の林は凋落して物淋しいのに霜柱は解けて水を流し歩行も少しく困難であった。並木を縫ひつつ現はるる筑波山を左にして中根坂に来た。懐しい村は目下に見《え》いた。ほっと一息して歩み続けた。村の人々にも会ひては挨拶を言流《いい》しながら急いだ。今数分の後に実現さるべき喜びに鼓動も烈しくなった。胸を押へながら門口に立つと、未だ収穫に忙はしい様子で家の周《まわり》にはづんと稲が積まれてあった。
僕の顔を見た養母は漸くは唖然として言葉も出ない涙と笑みとの中にあった。
僕　「御母さん只今帰りました。」
母　「まあよく帰って来た。手紙も届いて居ったから、今日か明日かと外ばかり見て居ったよ。」
祖母は見えて挨拶をしたが、養父が見えない。養父は居《お》られんのか？　と待つ程に、寝間から痛さうな足を引きながら現れた。そのスィーンが僕の眼に映った時は急に涙が出た。
僕　「御父さん、御病気は如何《どう》いふ具合ですか？」
養父　「御前が行ってからはこの「リウマチス」でなやみ続き、何処の医師に見て貰っても効果がない。只々休養して固まるのを待つがよいとばかり言って居る」
僕　「御父さんが御病気では皆さんも随分御骨折でしたらう。」
養父　「農事の方は日庸でばかりやったが、何しろ馬が強壮なので大助りでした。それにミネが役に立つので、農作物も御前の居った時のやうには立派なものは出来ないが、人に見られて恥しい様なものではない。だから生計には困難はせない。今では御前の様な精勤な青年は見られない。何《いず》れも駄目だ。青年会も、近頃眠って終った。」

養家でも、二年間貯《たくわ》へた話の整理に忙《せ》はしく、睡眠不足になる位であった。

翌四日早朝、鎮守に詣で、墓参もし、村内の友人知己《ちき》にも挨拶した。午後から筑波山に登り、神社に参拝して成功を祈った。近村の親戚をも廻って、不在中の親切を謝した。愛馬はどうした。父の病気の為、困《こま》りはせんかと行って見ると、懐しい彼の身体は相変らず太って居った。僕はポケットから用意の菓子を出して彼に与へた。耕地も廻った。早や二毛作の麦は生ひ立って居った。僕が養父に農業を申し送る際に、養親の労苦を案じて、利益の少ない田畑は地主に返済して、約一町五反程残して置いたが、養父は病気ながらもそのまま耕作して居られた。これを見て僕は、実に養親の労苦に対して気の毒に思った。別れに際して、養父に薬代として十五円ばかり差し上げた。

翌五日の朝、実家に帰り、その午後下館駅を発して青森に向った。小山から奥洲線に乗り替へ、白河辺《あたり》を過ぎた時は夜であったが、東京から来た身には寒さが身に浸みる汽車中で襦袢《じゅばん》を重ねた。山形、新庄あたりは昼間通過したが、このあたりは何《いず》れも淋しい処ばかりであって、田には稲も残って居らない。木々は凋落を終へ、柿の実ばかり梢《こずえ》に輝いて見ゆるのも、物哀《ものあわ》れであった。

青森駅に着いたのは六日午後六時であった。親友の鈴木米吉君はこの市が故郷である。

先に帰省して居った同君はプラットホームに来て居て、僕を呼んだ。雨降りの夜であったが、鈴木君の宅に急行してその夜一泊した。八時頃になって雨も止んだので、鈴木君の案内で町を廻った。英語夜学校等も紹介されて、都合よく行った。

七日の朝、鈴木君は赴任地旭川に向って青森港を出帆するので、僕は浮船に乗って本船まで見送った。

本船の中で堅い握手をして、御互に成功を祈り、他日士官校の校庭で会する事を誓って別れた。やがて港を去ったが、その日は朝からの大吹雪で一寸先も見えない程であった。午後になって、鈴木君の父君に送られて兵営に行った。雪が沢山積ったので、父君は度々佇《たたず》んで、下駄に附いた雪を払った。歩兵第五連隊は市外の筒井村に建設されてある。僕は衛兵所に行って、前期の若林工長に面会を求めた。

九、歩の五に着任と騎二四に転任

成る程、雪の名物の青森！　郷里の雪とは異って甚だ細粒であるから、風と共に横ざまに吹きつける。足音がさくさく聞ゆるので、ふと前を見た。若林工長らしいが変だなあ！　黒服を着て居る！　肩章には星章一つだ。雪が顔に吹きつけるので、下向いて僕の前に走り寄った。

若「いやーしばらくだねい《え》。先づ御卒業御目出度う。僕なんか未だこの通りで、二等も来ない。」

僕「今後、何分《なにぶん》公私共、宜しく御指導御願致します。」

学校時代にはあまり知れ合はない者でも、学校を去って分れ分れになれば、友は恋しいらしい。まして同じ仲間の銃工長だから、話もあれこれともてる筈だ。漸く語り合って、若林さんの案内で関係隊に申告並《ならびに》挨拶した。その夜から歩兵第五連隊の一員となって、襟章に5の文字をつけた。

本部下士居室は営内居住者が多く狭い室に六名居る。煖炉は盛に燃《た》いて居るから寒くはないが、細粒の雪は二重の窓を過ぎて室内に入るので、朝起きて見ると、寝台の毛布の上が白くなって居る。おまけに、勉強もせずと騒いで居る連中は、僕の勉強には不尠《すくなからず》障碍になった。十二月十日も来たから、士官候補生願も出さねばならぬので、着任早々ではあったが、連隊副官の鴨沢大尉殿に志望を述べて連隊長の証明を願った。幸ひ許可されて願書を出した。副官から「しっかとやれ」と言はれた時は実に嬉しかった。

業務は弾薬塡替《つめかえ》を受け持たされたが、丁度その当時は大正四年度の打殻薬莢《うちがらやっきょう》返納準備で多忙であった。昼は工場で業務に従事し夜間は受験準備をした。しかし居室に呑気に騒いて居る連中に妨げられる事が多かった。殊に歩兵隊は連大隊本部とも共通して居るから夜になるとそちこちから下士が遊びに来る。新参の者は椅子を譲るの敬礼するのと言って心を落ち附けて勉強も出来ない。行燈を頼って勉強したが、寒国の夜は深くなる程寒さが勝って来る。十二時以降に床に就くと寝つきが悪い。

同室の連中は呑気ではあるが無邪気ではない。外出すると悪い処に遊ぶ。二十六期の某工長等も彼等に誘はれ、遂に三等傷［梅毒］に罹《かか》って困《くるし》んだとやら。彼等は実に恐しい連中である。氏は僕の着任後間もなく近歩の三*に転任したが、その際に一言残して行った。

「君は未だ着任後日が浅いから、隊の下士の状況や性質なども良く分って居るまいが、彼等は実に悪い遊びばかりして御話にならない。僕なんか遂《つ》ひ誘はれてとんだ病気になり、今更後悔しても間に合はない。君は前車の轍を踏まないやう気を付け給へ。よほど強固な精神でないと過《あやま》らるるよ。僕も卒業した時は士官候補生の志願する考へであったが、遂ひその様な事情で破れた。僕は君の成功を祈って居る。立派にやってくれ給へ。」

その後間もなく僕も盛岡騎二四**に転任の辞令を受けた。折角着任して勉強に着手したばかりで再び知らぬ隊に転任するのは何となく不快であったが、仕方がない。十二月二十日附の辞令であったから、同月二十四日に青森を出発した。僅かの留任であったが、兵器委員本部附下士並《ならび》に下士団長等から停車場までも送られて気の毒であった。本部附下士からは特に記念品まで送られた。

やがて雪の青森を辞し雪中行軍に名高い八甲田山麓を過ぎて淋しい鉄道旅行を続けた。

---

* 赤坂に置かれた近衛歩兵第三連隊。
** 騎兵第二四連隊。第八師団所属。

盛岡駅に着いたのは午後七時頃であった。改札口に立つと見知らぬ人が来て、

「鈴木君は君か?」と呼んだ。

「僕は騎兵二四の武藤鞍工長だが、君が今日着くと言って小原君(歩の五銃工長)から手紙が届いたので、遂《つい》今来た処だ。とにかく僕の下宿に一泊し給へ。」

僕「さうですか。それはわざわざ御苦労さんでした。私は今度騎隊附を命ぜられました鈴木です。何分宜しく御指導願ひます。」

武藤工長に従って氏の下宿の十一屋に行った。同室には騎二三*の橘銃工長も同居して居った。列《なら》んで居る本箱の硝子を透して見ると、普通学の書籍ばかり沢山堆積してある。多分、陸士の受験でもしたらしいと思ふと、やがて両氏からその話が持ち出された。しかし、何《いず》れも途中で破れたらしく思はれた。

夕食後、両氏に伴はれて市内を見物したが、盛岡は未だ雪は少しもないので、大に安心した。

翌朝、兵営に行った。兵営は厨川古戦場**の傍らの観武《みたけ》が原に位置してあるが、町からは約一里もある。先づ銃工場に行って、古参の笠原一等銃工長に案内されて関係諸官に申告並《ならびに》挨拶した。騎二三と工兵八***の各工長にも挨拶したが、この衛戍地《えいじゅち》には兵器業務研究会があって、各隊とも工長は甚だ親密で、まるで一つ隊の工長の様である。昼食の際、下士

団にも挨拶し、連隊本部の書記室に居住する事に定められた。大きな室を佐長の中江文治氏と僕とで占領したが、佐長は事務室にばかり居って、就床の時のみ居室に来るのであったから、修学には甚だ都合の良い室であった。実は、他の多くの下士官と同居するのが至当であったが、着任の際、陸士志願した事を述べた為、副官から便宜を与へられたのである。青森から来た僕には急に幸福が生れたやうに思はれた。

業務は弾薬塡替《つめかえ》所と弾薬庫を受持つ事になったが、隊附勤務には無経験であったから、万事研究を要するものが多く、勉強の妨げとなる事も多くあった。斯様《かよう》な訳で業務の研究に追はれて居るうちに、年末年始の休暇となった。

本部附の営内居住者としては、騎兵科の者三名、蹄鉄工長二名、計手一名のみであったが、彼等は佐長の外、何れも別室であった。本部附と中隊附とは毎日下士集会所で会食して居ったので、歩兵隊より見ては、団内が一段親密の度が勝って居る様に見えた。僕も度々本部附の他の下士から招待された事もあったが、勉強して居るので遠慮して、僕の室

*　盛岡に本部を置く騎兵第二三連隊。
**　岩手県盛岡市にある「前九年の役」合戦跡。
***　工兵第八連隊。

にはあまり来なんだ。ただただ獣医部の三等工長で僕と同年兵の小野新作君が、度々やって来るのみであった。段々語って見ると、同君は中々意志も強固らしい男で、普通学の研究に志して居る様であったが、適当な手続きを得られん為、僕の処に依って来たらしい。僕も数学や理化学など、自分の研究かたがた出来るだけの説明をしてやった。この小野君こそ、将来我が水魚の友となったのである。

変動の多い大正四年も暮れて新らしい大正五年を迎へた。算《かぞ》へて見ると、受験準備する処は僅々九十日ばかりである。一科目毎に時間を割り当てると何程もない。それだのに未だ学んで居らぬ学科も沢山ある。日本地理、世界地理、地文、日本歴史、東洋史、西洋史、やれ国事法だ国語だ、やうやく一眼通す位の処だ。英語もナショナル三では、やっと中学三年位の程度だ。時間が少ないのに学ばねばならぬ科目は列挙するに暇がない。案ずれば案ずる程仕事が多くなって来る。しかしながら、数学と物理化学だけは失敗したくないものだと一通りの準備はした。

新年の間は専ら暗記物に時間を費したが、新年の感は少しもない。百姓の秋か、五月の様であった。英語等は何処を捕《とら》へて準備してよいか一向分らぬ。まして、文法や作文は少しも研究した事はない。斯様な有様で、昼は業務、夜は勉強といふやうに進んで行ったが、早や四月は来た。折悪しく、兵器検査と競技会とが試験と同時に行はれるので、身体検査の日まで兵器検査準備をして、古参工長に受検を頼む始末で、実に悲惨至極。やうやく四月十一日から業務を止めて、学科試験に移った。

第一日が地理と作文であったが、大なる失敗もない。そこで大いに元気つけて二日目の化学並《ならびに》三角［法］の受験をした。化学では好成績であったが、三角［法］では少し失敗した。公式□のCD式の変化が出来なかったのには自分ながら驚いた。真の研究が足らなんだのである。第三日目は歴史と外国語であったが、外国語は予想通りの失敗。失敗どころか殆《ほと》んど答解し得ないのであった。心を落ちつけて翌日からの試験に努力した為、物理も国漢文も大した失敗はない。図学は透視図法があったが、これも答解し得た。代数は未だ研究の不充分であった。指数方程式と対数に苦しめられた。試験は十七日の午後終了したが、連隊長殿や関係諸官に申告するのも恥しい有様であった。今年の試験は殆んど研究に終った。不合格は試験の終りに確と自覚したから、翌日から直に心に鞭撻して来年の準備に着手した。

兵器検査も済んで僕の受持には大した欠点もないと聞いたので、業務を全《まっと》うした点には安心した。

寒国の特徴で桜の花も梅も桃も、殆んど時を同じうして咲いた。営内の諸君は勇んで外出をするが僕には花野も山も少しも楽しくはない。成績発表の恥辱を予期して居らねばならなんだから。やがて師団長の随時検閲も済み、軍隊の内容にも通じて、勉強の余裕も得られるようになったので、英語の研究も大分進んだ。ナショナルの第四と初等英文法の研究も駛走《しそう》で一目通した。

七月二十八日になって、士官候補生の採用予定者は発表せられた。僕の同期生は一人も合格して居らなんだが、僕の心は破裂するばかりであった。恥辱を蒙《こうむ》る事は覚悟はして居ったが、いよいよ発表になると更にその度が勝った様な感がした。定例休暇は実施すべき時期となったが、失敗の顔を携《ひっさ》げて帰省は出来ぬ。遂《したが》ひ実施もせなんだ。

東京の夏と比べると、陸の奥の夏は甚だ凌《しの》ぎよい。暑いのは日中、三四時間に過ぎないから、七月八月の午睡《ひるね》も実施しないで勉強した。やがて涼風が吹きはじめて、草木の生立もいよいよ中止すると、九月も下旬となった。軍隊では下士の再服役の問題が始まったが、不幸にも僕の古参工長の笠原長次郎氏は、今年満期せねばならぬ身となった。それ故氏は、十月から定例休暇や請願休暇を重ねて実施し、満期まで殆んど隊に出勤しない。僕は十一月一日に二等工長には任官したが、笠原工長の欠勤以来は、今までの受持の外に銃工場と兵器庫とが増加し、その上銃工術修学兵の教育まで受け持ち、二人前の仕事をせねばならぬ場合になったので、修学の方は大分妨碍《ぼうがい》せられた。

しかし、その忙はしい中からも、一里以上もある江南義塾の夜学に通学して居ったのである。僕の通学したのは高等受験科であったが、これは十月一日から開会せられたのであって、高等諸官立学校の入学志望者を収容した夜学部である。講師は塾長の外、概《おおむ》ね盛岡中学の先生たちであった。主として英数漢物理化学に就いて講義したが、中々程度も高くあった。会員は中学卒業者が多く見えた。英語では彼等に及ばなんだが、他の学科では決して劣る処はなかった、否、勝って居ったのであった。

授業開始が午後六時であるのに、隊の夕食は早くて午後五時であったから、一里以上の里程を、毎夜三十五分位で急行せねばならなんだ。塾に着くと、寒い夜でも汗で濡れて居る。授業中になると、寒い教室で身体が冷《え》いて来る。中々容易な問題ではなかった。雨が降っても雪が降っても、一日も欠席せずに通学した。約一ヶ月程過ぎる程に英語の力も大分ついて来たが、惜むらくは会員が減少して、遂に閉会の運命に会った。

最後の夜、盛岡中学の米原先生（英語担任の文学士）と前田先生（数学担任）の居る前に僕を呼んで、塾長の菊地道太さんは言った。

塾長「君には欠席もせずに毎夜遠方から来て貰って誠に気の毒ですが、高等受験科は当夜限り閉会せねばならぬ運命になりました。どうも意志の薄弱な青年には困ったものだ。皆んな中途で退学して終《しまっ》て、僅か数名しか残らない。数名の為に、講師さんたちに毎夜出勤して貰ふ事には行かない。何《いず》れ再会の節は、手紙で御知らせ致します。それまでどうか休会して下さい。但し米原先生も前田先生も、自宅なら教へて上げると申しますから、日を定めて訪問するには差支へありません。」

僕は甚だ残念に思ったが、米原先生と前田先生には後日教へを受ける約束をした。しかし業務多忙の為、夜業までせねばならぬ状況に迫って居ったから、その後引続き教授を受くる事は出来なんだ。やがて新任の井上銃工長が十二月上旬着《ちゃく》するまでは、少しも暇はなかった。十二月以降は受験科目全般に渡って準備せねばならぬので、一科目宛《ずつ》教授を受くる為、通学は不得策《ふとくさく》となり、遂《したが》ひ通学は延期された。けれども英語は来年の受験準備に不完全であったから、第一中隊の井上中尉殿から、週番の時だけ教はった。井上中尉殿は陸軍大学の受験準備中であったから、喜んで教へてくれた。

恥辱と憤慨とに充たされた大正五年も暮れて、ブランクなる大正六年は来た。今年こそは光ある何物かを以てこのブランクを充たさねばならぬと、年始の休暇から専心勉強した。それ故、修学の予定表は遺憾なく実施の赤文字を以て充たされた。受験もない、計画もない連中は、呑気に新らしい年を送って居る。受験準備に頭を痛めてをる僕の眼から見ると、何となく再び帰らぬ年を空しく過す様に見えた。しかし僕の苦痛は通常のものではなかった。その上今年も、試験前に兵器検査と競技会が予定されてある。これが何より難問題であった。けれども僕は考へた。兵器業務は公務、試験を受ける事は私務である。公務を忽《ゆるがせ》にしたら国家に済まない。連隊長に対しても、兵器委員に対しても責任がある。彼は私務の為に公務を怠《おこた》ったと言はれては、あたら名誉を損すると努力した結果、兵器検査の成績は甚だ良好であった。工卒の競技も師団の上位を占め賞状や賞品も得た。しかし、受験準備はまるで予定が狂って終《しま》った。

古参工長になれば、何かれと責任は増加する。勉強して居る間でも業務を考へ出す。時には試験前でも夜業をせねばならぬ。遂には、不充分な準備で受験せねばならぬはめに陥って来たのであった。少しは自暴自棄になったが、これを押《おさ》へつけながら、毎夜は深夜まで勉強して受験した。実は試験中に過度の勉強するのは好まないのであるが、状況上止むを得ない。ただただ多忙の中に試験も終了した。処《ところ》が今年は案外好成績で、三角［法］も立［体］幾［何］も理化学も殆んど完全な答解を得た。代数と平［面］幾［何］とは少しく不充分な点もあった。英語は昨年に比しては一段の進歩であったが、未だ士官候補生としては不充分であるを知った。

四月十七日の午後に、連隊長佐伯中佐殿に申告に行ったら、隊長殿から親切な御言葉を賜った。

隊長　「試験官に問ふたら、本年当階行社で受験した者の中、英語以外は鈴木が一番よく出来た相《そう》だが、惜しい事には英語が合格点に足るまいと云って居った。今年、何年受験年齢があるのだ？」

僕「後二年あります。」

隊長「悲感しないで来年の準備するがよい。人間は総《すべか》らく早熟より晩熟だ。御前が一年早く合格した処で、実力がなくては役に立たぬ。一年遅くも、実力を得て合格した方がよほど勝って居る。幾らも左様な例がある。大きな声で言はれないが、この衛戍《えいじゅ》地衛戍地にも沢山ある。少佐になる時に、後期の人に追ひ越される。一年位はいくらでも取り返しはつくから、意志を強固にして勉強するがよい。」

連隊長殿の同情の御言葉に熱涙を浮べてその場を去った。

「一度は合格したい。もし合格が出来なんだら、第一この隊長殿に申訳がない。梅地先生の御尽力に対して済まない。両親に何んと詫びをする。嗚呼、僕は何時《いつ》梅地先生と再会の期を得らるるであらう。このままでは顔を出せない。養親を助ける事は何時《いつ》出来るであらう？」

隊附となってから年に二回乃至《ないし》三回は、十円、十五円位づつ養親の許にも送金して居ったが、ほんの僅な志で養親を安んずるには足らない。早く将校になって安心させねばならぬといふ考へは一日も胸中を去らなんだ。試験が終ると直《すぐ》に米原先生と前田先生を訪問した。そして江南義塾の約束通り、英語と数学を教はる事になった。それで親友の小野君及《および》来年陸士の受験する井上銃工長をも紹介して、共に一週二回宛《ずつ》通学した。数学は代数の対数と指数方程式を研究したが、これが終ると間もなく、前田先生が前橋の中学校に転任したので、その後英語のみ専修した。

英語はチョイスリーダース*の巻五から研究し、合せて文法と作文も教はった。和文英訳の力の乏しくあった事は自分ながら驚いた。最初はつまらぬ英訳で、先生から注意を受けて居った。文法作文にはエングリッシュコースの巻三から研究したが、一週に百題近くも英訳して、これを校正して貰ふ有様であったから、その進歩も顕著であった。今まで独習で積み上げた英語であったから、リーディンクは甚だまづい。発音に就いては随分困《くるし》んだ。やうやう三月目位からすらすら読めるようになった。

やがて春も暮れ、夏が来た。遂《つ》ひ先頃植ゑられたばかりと思った稲は、早や田の草時分になった。軍隊でも兵器検査後、師団長の随時検閲も終り、経理検査も済んで、やっと内務に多忙の声も静まった。七月の二十八日は来た。士官候補生の採用者が発表されたと聞

---

* 文部省検定英語リーダー教科書。

いて、直に官報を見に行った。砲兵工長から七名もパスして居るのに、僕の氏名は何処を見てもない。僕の同期から林順二（二等工長）君が合格して居った。学校時代に合格し相《そう》に思はれた人々は合格して居らぬが、不思議である。彼れらは必ず途中で破れたに相違はない。僕も彼等に鑑みて、今後尚更意志を強固にせねばならぬと思った。梅地先生にも失敗の手紙を差し上げた後に、先生から手紙が来た。先生は「公務以外の総ての物を犠牲に供し、全力を尽して合格を期せよ」と言って来た。いよいよ感涙を拭って来年の準備に着手したが、今年は何《ど》うしても帰省せねばならぬ事情になった。養父の病気が益々重くなって歩行も出来ないとやら手紙が来たので、一度は見舞せねばならぬのであった。失敗の身で恥《はずか》しながらも、副官殿に願って定例休暇を許可されたので、七月三十日から定休を実施した。

一〇、帰省とその後の覚醒

過度に心身を労して健康を害しても悪いと思って、帰省の途中平泉の古跡、松島の勝地等を見物し少しく休養したので、実家に着いたのは八月の二日であった。例の通り、鎮守参拝と墓参はしたが、試験の失敗を恥ぢて、村の人にはあまり顔を合せなんだ。その夜一泊して、翌朝養家に行った。果して父は歩行も出来ない。杖にすがりながら用便するやうな有様である。我が在郷時代と今の俤《おもかげ》とを比べては涙を落した。先づ、持ち合せの金十円ばかり父に差し上げて薬代として貰った。他の人々には別段変りもない。祖母なども中々に達者であった。妹が役に立ち、かつ弟は来春高等小学校卒業する相《そう》であるが、やはり憂き目に会って居る少年は感心なもので、本年の五月は馬耕を盛にやったとやら聞いた。僕もこれに感謝して、彼に益々父母に孝養すべき事を含めた。農馬も作物も立派なものであったから、養父の病気以外は来て見れば、さほどの心配もなかった。田中でも、例の通り、鎮守と墓とには詣《もう》でた。筑波山にも登って、来るべき最後の奮闘に勝利を得せしめよと祈った。

小野村君は水戸歩の二*に入隊以来、下士志願して居たが、氏の母君も病身なので、氏は度々帰省した。その都度親切に僕の養父を見舞ってくれては、僕に手紙をくれて言ふのであった。

「君、一度は故郷に帰って、病める父を見舞給へ。」

今年はその言葉に従って帰省したのであったが、折よく同君も休暇実施して帰省して居ったので、ここに楽しい会合を得たのであった。久し振りの対面であったから、次へ次へと会話が進んだ。兵器に関する話などは一々筆記して帰隊後の参考にと残した。会話の中でも小野村君が特に感じたと言って、次の話があった。

小野村「君、人間は意志が強固でなければ駄目だねい《え》! 僕は昨年将校生徒採用試験の助手を命ぜられて試験終了まで勤務したが、特にその事に就いては感奮したよ。僕が在郷中青年に感化されて或る方面に手を出した時、君から単刀直入的に忠告を受けたが、それだけ僕は君より意志が薄弱であったのだ。今になって後悔して居る。受験生を見ると君を思ひ出した。嗚呼、在郷中に共に学んで優劣はなかったのに今は受験する身分とその助手との差が出来た。何《いず》れ将校になりたいと思っても受験する学力がない。あの時、村の悪青年に感化されて他道に入らずに学問を続けたならば、君と同じ資格で受験者に列したであらうと悔いたよ。君！　来年こそは必ず合格してくれ給へ。官報を待って居るよ。」

今年の試験で落第した身が、斯様《かよう》な事を言はれて、返って心恥《はずか》しい位であった。しかし、僕は未だ神に誓った言葉を守って居るのである。情欲は何処までも押へつけて居るのだ。ただ自暴自棄になって煙草は吸った。酒も以前は少しは飲んだが、酒では今年の一月、兵器委員首座寺田少佐殿の宅で前後不覚になって倒れてから、とんと中止して居った。以前には左様に前後不覚などといふ事は一度も無かったのであったが、丁度折悪しく、その時は過度の勉強で身体が衰弱して居った処であったからと後で知った。

その後六月頃、佐多次郎から手紙が来た。兄はその頃帝大の眼科専科を卒業して、下館町に開業した当初であったが、以前とは大分変ったらしい手紙であった。

「其許《そこもと》には未だ目的の学校にも入校出来ず、下士で満足して居るらしいが、必ず酒色の道

＊　歩兵第二連隊。

に入ったに相違あるまい。嗚呼、不甲斐ない。汝よ、目的の遂行も出来ず、親兄弟の顔に泥を塗るなら、再び面会を予期してはならぬ。その地で死んで終《しま》へ。」

右の手紙を見た時は発奮と口惜しさとで胸は満たされたのであった。

未だ実力も足らで、将校生徒たるを得ないのは僕の努力が足らないのかも知らぬ。この点は父兄にも申訳はない。しかし、僕をして酒色に耽《ふけ》るとは何事だ！　酒は未だよい。色とは何事だ！　邪を以て想像するにも程がある。この無垢の身体を何と思って居る？

と残念さに律に合はぬかも知らぬが、二首の歌を作って両親に一首、兄に一首送った。

兄へ　たとへ身は異郷の土となりぬとも
　　　わが兄弟を汚さざらなん

父へ　たとへ身は山川遠くはなれても
　　　親の恵を忘れさらまじ

右は実に我が真心から出た句であった。今年定休を実施したのは、養父の病気と小野村君の勧告ばかりでない。兄の許に弁解の辞を述べたい考へもあったのである。

養家を辞して実家に帰ると、丁度その翌日が在郷軍人の簡閲点呼であった。房洲の兄も帰省せられ、明日点呼の帰りに佐多次郎兄と共に実家に一泊するとやら聞いた。僕は弁解の期はこの時であると待ちかまいて《え》居《お》った。

実家は養蚕の飼育中で多忙であったから、僕もかれこれ手伝ひして居った。その日も夕陽がさしこんで来た。

「御覧なさい」とやさしい女の声が家の入口で聞えた。ふと見ると見違ふように大きくなった姪のきの子。七年振りで会った僕は、一時は唖然として立った。

きの「庫さん、まあ久し振りで御目にかかれますねい《え》。私ほんたうに嬉しくて、皆さんに何から話してよいか分らない位ですよ。今女学校の方は夏［休］みであります。今年こそは七年振りで懐しい鷺島を見られるかと待ちかまへて居りまして、遂ひ昨日房洲を起ったのです。昨夜は下館の叔父の処で一泊しましたが、懐しい故郷は何《ど》んなに変って居るでせう。皆さんはどうなすって居らるるだらうと思って、夜も眠れませんでした。」

生「まあとにかく、久し振りで御話が出来るのも嬉しいものだ。しかし、昨年御前も母様に別れて気の毒でしたのー。」

きのは涙を浮べて、

「はい随分悲しい目に遇《あ》ひましたよ。母さい《え》あったらと思ふ事が度々あります。」

生　「学校の成績は何《ど》うだい。」

きの　「母の居《お》らるる時は成績も中位でしたが、母の葬式の際、八郎叔父様が東京から来ましたので、私の通信簿を御覧入れたら、叔父様からさんざん叱られました。それから奮発して勉強しました。今はずっと上位になりました。」

生　「七年振りでは面白い話も沢山あるだらう。実は僕も失敗続きで未だ二等銃工長だ。御前なんかの成績を尋ねる資格はないのだ。学校時代は、これでも中々元気だったからねい《え》。士官候補生の試験位は一回でパスしてやる考へであったが、受験して見ると、さうは行かない。何しろ中学も卒業して居らんから英語で大分困《くるし》められた。」

きの　「今英語の研究なすって居るのですか？　私も暑中休暇の宿題として英語を沢山持って来ましたから、教へて頂きませう。」

僕　「とても教へる事は不可能だらうよ。僕も二三日居るから共に研究しませう。思ひばねい《え》、房洲に海水浴に行った時、馬車でもかりて皆さんに面会に行かうと思って居ったが、遂《つ》ひ暇がありませんでした。だが、手紙は届いたでせう？あの時行ったら、御前の御母様にも会はれたでせうが、残念でした。」

きの　「あの手紙が届きました時は、今日か明日かと母と共に御待ちして居りましたよ。女中が車の音が聞こえますなんて申しますと、直に門に出て見ましたよ。日曜日にも来ませんから、こちらから面会に行かうと思ひましたが、女なんか見会《みあい》に行って庫さんに不都合でもあるといけないと心配して、遂ひ取り止めました。」

僕「来てくれなんで良かった。人に怪まれてはつまらないからねい《え》。「李下の冠、瓜田の靴」だからねい《え》。僕は未だ女から手紙でさい《え》も貰った事はないのだから。」

種々珍らしい話も沢山あった。英語も共に研究して見たが、女学校四年生のきのに勝る点はあまりなかったので、英語の研究の一朝一夕に行かないのを残念に思った。翌日の夕方、今か今かと待って居ると、二台の車が門の敷石をがらがらと越した。佐多次郎兄と正一郎兄とであった。正一郎兄とは七年振り、佐多次郎兄とは五年振りであった。一時に賑かになったので、両親も非常に喜ばれ、宴会が開かれた。佐多次郎兄は下館の銘酒を一升、父に土産に持って来たが、自分では少しも酒は飲まない。以前には随分飲み手であったが、何の動機で止めたかと僕は不思議に思った。父から盃を出されて受けた僕は、返って恥ぢた。

兄の禁酒には種々原因もあったらしいが、第一有効であったのは乃木式であったらしい。

兄は今では熱心な乃木崇拝者の一人である。それで僕に言った。

「苟《いやしく》も目的あって修学に志す人が酒を飲むとは何事だ。御前は煙草も吸ふて居るな？　酒と煙草程《ほど》頭を悪くするものはない。それだからして何時も試験に落第居《す》る！　凡そ斯うであったらうと思ったから、この前御前にあの手紙を出したのだ。酒と煙草は即座に止めて終へ。」

今まで弁じようとして待って居った言葉も出ない。その場はそのまま沈黙して終った。

翌朝早く下館から写真屋を呼んでその場に居った家内の者揃って撮影した。それは僕が提議したのであった。養家でも撮影して来た。僕はこの二枚の写真を以て我が修養の材料とする考へであった。定例休暇の日数は未だ残って居ったが、宇都宮騎一八*と仙台騎の二**とを見学して連隊兵器業務改善の資に供する考へであったから、数日前実家を辞して予定通りの見学して帰営した。

やがて見学記事を兵器委員首座の児島少佐殿に差し出したが、これが為、連隊兵器の改善を計った事も少くなかった。後日騎銃の特別修理等実施したのも、これに基いたのであった。

帰営後は益々努力して定休帰省の効果を偉大ならしめた。先づ酒と煙草は試験に合格するまでは必ず禁制する事とした。今までの例があって下士団の会合などの場合は随分不都合の事もあったが、遂《つ》ひ〔に〕禁煙禁酒でやり通した。

怠惰の心が起って来ると例の二枚の写真を持ち出して、見ながら奮起するようにした。英語も専心勉強した結〔果〕、年末までにはチョイスの五も終り、エングリッシュコース三、四の和文英訳も終った。やがて十二月八日に士官候補生願も出した。今後二ヶ年は受験年齢があったが、これが最後と決心した。

三回までは受験する必要がある。三回受験して合格もせぬ奴は早や駄目だ。後は何回受験するも同じ事だ。今度合格せなんだら、軍籍には身は置けないぞ。再び父母を見る事は出来ないぞ。これが最後の奮闘であるぞ。

と思って最後の努力をした。今までの失敗に鑑み、受験前充分の準備をし、試験に際しては、充分休養した後着手する位でなければ、到底立派な成績は得られない。試験になってまで寝ずの勉強では駄目だと考へたから、修学（準備）日数は一ヶ月二十五日とし、三月下旬までを予定し、四月は充分休養する事にした。一日五時間宛《ずつ》の勉強であったが、昨年より一ヶ月の日数も少ないから実施は容易に出来た。これが一番肝要な事である。実施の出来

＊　騎兵第一八連隊。
＊＊　騎兵第二連隊。

ない予定はなにもならぬ。初めばかり詳しくやっても、後になって破れては不平均な準備となって終《しま》ふ。殊に今度の試験は井上工長と二人で受くる訳であるのに、試験前に例年通り師団兵器検査と競技会があるから、四月上旬などは、準備日数には計算出来なんだ。一ヶ月五日の予定外の日数は、不完全な実施を補足する為に使用した結果、予定時間以上の実施を見たので、何《ど》の科目も平均に準備出来た。特に英語には全力を注いで勉強し、一《ひと》亘《わたり》読んだ書物はスペルを覚える為には必ず書取りした。

一一、発奮の動機

新らしい大正七年を迎へたのも忘れて勉強して居った二月の半頃であった。兵器甲委員は阿部誠一郎（騎兵中尉）で、彼は機関銃専修兵の教官をも兼ねて居った。銃工場と弾薬塡替《つめかえ》所及弾薬庫は直接甲委員には関係なく、乙委員の廣田〔豊〕少尉が担任して居ったのであった。或る日作業も済んで入浴に行く途中、阿部中尉に呼ばれたので、連隊講堂に入ると、両委員と専修兵数名居った。廣田少尉は黙して居ったが、機関銃教官になったばかりで、弾薬の関係など少しも知らない阿部中尉は僕に言った。

阿　「鈴木！　空包を出せ！　三百発出して半連宛保弾鈑《ずつほだんばん》*に二十枚挿入せよ。」

---

* 弾薬供給のための板金。

今まで例のない事を言ふので、僕は答へて

生「阿部中尉殿、御存じかも知れませんが、弾薬塡替所《つめかえ》には保弾鈑矯正器もないし、かつ保弾鈑を矯正して弾薬を挿入するのは、機関銃手の任務と今まで定って居りました。弾薬は鈴木が何程でも出して上げます。」

と言った。機関銃教官としては、僕に対して命令系統はないばかりでなく、乙委員の廣田少尉がその場に居るのに直接僕に左様な命令するのは甚だ不順序だと思ったからである。阿部中尉は怒《いかり》の色を現して、

阿「保弾鈑矯正器がなけりゃ、ここから持って行け。今日は機関銃手を使用する事はならん。貴様一人でやれ。」

日は暮れかかって居った。今まで夜間弾薬庫に入った経験もない。又、火工作業をした例もない。それ故、それに対する充分の設備もない。それなのに、何も知らない彼は、まるで兵器委員と機関銃教官とを混同して、何処までも命令的な事をいふ。兵器委員としたら、弾薬の取扱や連隊の兵器業務施行手続位は知って居っても良いだらうと思ったから、

生「さう申さるるなら実施しませう。しかし阿部中尉殿も兵器委員ですから、夜間は羊角燈《ようかくとう》がなければ弾薬庫に入れない事と、今回はとにかく、今後は機関銃手をして実施せしむるが正当であると言ふ事を御承知して居って下さい。」

と言葉も終らぬうちに阿部中尉は飛び立って僕の顔をさんざん殴打した。

阿「上官が頼むではないか。」

殴打された僕は、急に憤慨して殴打して頼むと言ふ方法はない。如何に上官といへ、甚《はなは》だ非常識な奴だと思った僕は、
生「鈴木工長は殴って頼む人には応じません。」

阿部中尉は復《ふたたび》さんざん僕を殴打した。僕の耳は聞えなくなった。いざ反抗と身がまい《え》して、近所にあった三脚架の照準棍を取り上げて打ち倒してやらうとした時、殴りながら阿部中尉は言った。

阿「剛性《ごうじょう》な奴だ。貴様のやうな奴は士官候補生願を取り止めて終へ。」

と言った。僕は「士官？　士官候補生！」と気が附いて、反抗の姿勢は涙をのみ歯を嚙んで崩したのであった。丁度その時、その場に居った廣田少尉が立ち寄って、
廣「阿部中尉殿！　鈴木工長にも話して聞かせますから止めて下さい。」

と仲裁した。

廣「鈴木工長！　御前も未だ内務書の研究が足らない処から生じた過失だから仕方がない。阿部中尉殿に謝罪して、これから直《ただち》に空包を準備して上げよ。」

まさか上官を悪くする訳には行かぬ。結局は下級者が悪い事になる。残念さと口惜しさ

に正気を失って居った僕は、自分で悪くないのに謝罪する必要はないと、漸《ようや》く黙然として阿部中尉を瞰《のぞ》んで立って居ったが、廣田少尉から「鈴木！　鈴木！」と勧められ、廣田少尉の顔立《かおだて》の下に、阿部中尉の前に謝した。

阿部中尉は、僕を殴打してから直《すぐ》に病気になった。やがて彼は入院したが、重病となったのである。原因は、胸部を馬に蹴られて休養中の処、僕を殴る為に、過激な運動を起したのが悪くあったらしい。しかし、僕は彼に同情の心は起らなんだ。

軍籍に身を置いてから殴られたのは、この時が初めてである。その夜、室に帰って見たが、残念さは胸に充ちて居った。頭も顔も腫れ上って居ったのであったが、これが後日、僕の為には立派な玉となって報いられた。即ちこれが為に充分な修養が出来、あの時の無念さが幸福に生れ変ったのである。悪人な阿部中尉は寧《むし》ろ僕には恩人であったかも知らむ。

嗚呼、あの時僕が士官候補願を出して居る事に気が付かなんだら、必らず反抗したに相違なかった。命のあらん限りやったに相違なかった！　兵卒の前で斯様な事をされ、あんな侮辱を受けて、決してそのままになって居らなんだらう！　嗚呼、士官候補生！　汝は今日この身を助けた。汝は大過失を未然に救ってくれた。汝は我が愛する一つであるぞ。将来成功の基《もとい》を開いてくれるのは汝であるぞ。あの恥辱を濯《そそ》いでくれるのも、汝より外にないぞ！

憤慨も極度に達した。どうしてもこの暴行に対して、復讐戦を起さねばならぬ。しかしそれには立派な方法がある。文明の方法がある。嗚呼、士官候補生！　汝は我が復讐戦の援兵であるぞ。希《ねがわ》くは我を助けよ！

一二、最後の奮闘準備

陵辱《りょうじょく》事件のあった夜、廣田少尉殿はわざわざ僕の室に来て種々慰めてくれた。一時は僕も、首座*を経て連隊長殿**に訴へるには業務上の事だから差支ないとまで決心したが、廣田少尉に済まないと泣き寝入りした。その後の勉強は又一段の色採を放った。試験も近づいて全般に渡る研究が必要になったから、米原先生への通学は止めた。しかし、英語は廣田少尉殿の週番の時は、毎夜将校室に行って研究した。学んだのはユニオンの第四であった。今年の勉強予定はよほど適当に計画されたと見えて、完全に実施せられ、秩序的に準備が出来た。英語も余程自信が附いた。和文英訳が最も力になった。今年の一月一日から英文日誌の記載を実施して来たが、これも有効であった。

阿部中尉は約一ヶ月程衛戍《えいじゅ》病院にあったが、やがて退院した。彼は非法を覚《さと》ったらしく、僕に対しても甚だ気の毒な様子をして居った。試験前になって、今年は合格してくれよなど言って、わざわざ僕の居室まで英語の書物など持って来てくれた。しかし彼《か》れが何程《いくら》御世辞を振りまいても、僕は心服出来なんだ。彼れ等の英語の書物などは借りて見まいと思って居ったから、その書物は全部井上工長に渡して終《しま》った。

非法に対する反抗心は斯《か》くまで甚だしいものかと自分ながら感じた。幸ひに僕が部下を教育する任を得たら、この点に就いて注意せねばならぬと考へた。

兵器検査も好成績で終了し、四月十一日の身体検査の午後までに銃工卒の競技会も済んだので、翌日から安心して学科試験を受ける事が出来た。後日工卒競技会の成績も発表されたが、当連隊銃工卒は師団一であったから、僕は大いに喜んで、先づ先づ受験の為に業務を忽《ゆるがせ》にしたと、人から疑ひを受けないで済むと思った。僕にはこの事が最も苦しくあったのである。私務の為に公務を忽にした等と言はれては甚だ恥辱であると思ったから、身体検査の日までも工卒の競技を指図したのであった。

今年の身体検査には視力が弱い為、危い処で合格した。右が0・7、左が0・9とは自

＊　直属上官である山崎甚八郎兵器委員。
＊＊　遠山虎雄騎兵大佐。

分でも驚いた。学科試験の第一日は地理と作文であった。地理には良好な答解も出来たが、作文には大失敗で、学科の第一日から落望する有様であった。第二日の化学は全部満足な答解が出来たけれども三角〔法〕は一問題失敗した。第三日の物理も全部出来たが、又幾何で少し誤答した。立体幾〔何〕も昨年より成績が悪い。歴史国漢文等は昨年よりは良い。就中《なかんずく》英語は前年に比しては、一段の進歩で今年こそ及第点がある事と思った。代数は一問題誤答したが、昨年よりは良い。一般から見ると、数学が昨年に劣って英語と暗記物が昨年に比して良い。しかし作文に大失敗し、数学が昨年に比し良くないから、心の奥には不尠《すくなからず》慮《おもんぱか》りが残された。四月十七日午後に最終の奮戦も終って、関係諸官に申告した。

廣田少尉殿は試験中、毎夜僕の居室に来られてその日その日の結果を問はれたが、失敗した日には慰めてくれて、

「勉強した時の失敗は勉強しない時の上出来であったよりも成績良好であるから心配するな。」

と言っては力を附けてくれた。

試験終了後も英語の研究は続けて居ったが、もし失敗したにせよ、来年受験する元気は早やなかった。又失敗したら帰省する考へもなし、軍隊に身を置く考へもなかった。

桜の花は咲きそめた。随時検閲なので、営外居住となった。実は昨年十二月から外泊［を］命ぜられたが、連隊長殿（遠山虎雄）と兵器委員首座（山崎甚八郎）との同情に依って、試験終了まで営内居住を許可せられたのであった。親友の小野君は僕より後で外泊を命ぜられたが、彼は七年二月から営外居住して居った。僕が外泊する事を聞え《い》て、小野から次の事を言って、同居を申し込まれた。

小野「君！　鈴木君！　僕はどうしても意志が薄弱で駄目だ。怠気と情欲を制する事が出来ない。どうしても君が吾が身の守となってくれねば駄目だ。君と同居を行すれば安全だ。同居してくれ給へ。さうすれば僕は修［学］にも好都合だ。」

申し込まれて見れば拒絶も出来ない。親友の間柄だから、僕は承諾した。そこで二人は極力適当な下宿を捜索したが、年頃の女の居らぬ二人同居の出来る下宿を発見する事は困難であった。適当な下宿があると思ふと、そこには女が居る。諺にも「李下の冠、瓜田の靴」と言ふ事がある。安全な方法を取るにしかずと、いよいよ二人は共同自炊と決心した。そこで盛岡市外の三十軒で谷藤長太といふ農家に一間を借りて自炊を始めた。外泊準備の相談を実家にしたら、佐多次郎兄に見つけられて、復《また》も大目玉を食はされた。

兄「何処までも汝は馬鹿者だ。外泊に和服がどうして必要か？　乃木さんは何時も軍服ばかり着て居ったではないか。もし風呂のない下宿に入ったら、入浴に行く時は外套を裏返しにして着て出よ。又茶器等も購入してはならない。修学の身で茶を飲む必要はない。来訪あって茶を出さねばならぬ友人とは交際するな。座布団も所持してはならぬ。布団の上で勉強すると眠気がさす。人は笑ってもよい。笑ふ人は相手にするな。自分さい確《え》実であればそれでよい。貴様はつまらぬ虚栄ばかり張って居るから、何時までも試験に合格出来ない。」

と言って、衣類も何も国元から送らない。幾何《どれほど》兄から左様言はれても、社会の事情が許さない。乃木さんはさもあれ、吾人のやうなものが左様な事をすると、人から狂人と思はれる。仕方がないから盛岡で廉価な被服を新調した。

自炊を始めてからは小野君と共に質朴な、かつ潔白な生活をした。あたりの者は二人の仲を羨んだ程、悲しい事も嬉しい事も共にした。桜の盛りには共に手を携へて出て見る。否、借りて居た吾が家は閑清な見晴しのよい場所にあったから、雫石川《しずくいしがわ》辺の様は書斎から見えた。来年の受験準備もないので、今年は過去三年の受験の疲《つかれ》を一時に休養する考へであったから、高尚な趣味ある遊《あそび》は何んでもやった。茨島《ばらじま》の森林に蕨《わらびがり》刈にも二人で出て、春の野に草摘みも相共に出た。夕景に河原を散歩もした。しかしその呑気相《そう》な中にも、僕の心中には憂《うれい》がひそんで居ったのである。次の様な詩を作ったのもその時であった。

日光陽々初夏之空　（日光は陽々として、初夏の空なり）
花蔽野山鳥谷満　（花は野山を蔽ひ、鳥は谷に満つ）
見之聞之不感楽　（これを見、これを聞くも、楽しみを感ぜず）
憂心未去在胸裡　（憂心未だ去らずして、胸裡にあり）

初夏の空を思ふうちに田植も過ぎ、野山の木々も青葉して、物憂き霖雨《りんう》は降り出した。今まで養家［に］幾度手紙を出しても返事がないので、心配のあまり必ず必ず返事をくれるようにと一本の手紙を送ったら、実に哀れな音信が届いた。弟の卯一から来たのであったが、要点は次の様であった。

兄様から度々手紙を頂きましたが、当方からは御返事も差し上げられない事情があったのです。姉は昨年来病気でしたが、その病気が全快して、今年の一月頃、逃亡して終《しま》へました。今も尚、行先不明であります。父の病気は以前通りで全快出ないのですから、野に出るのは私と弱い母だけです。私も未だ今年の三月、高等小学校を卒業したばかりですから、一人前の仕事は出来ませぬ。ただ毎日馬を友として、肥料の運搬や馬耕をやって居ります。その他の事は日庸でやってをりますが、成《な》る可《べ》く自分で練習する考へであります。田植は来月上旬始めたいと思って居りますが、未だ準備は完全でありません。

哀れな弟の手紙を見て僕の憂は、急に増加した。その手紙は隊で受領したのであったが、哀れな親子と弟との身の上を思ひやって涙が押へられなんだ。嗚呼、僕が居ったら、親にもまた年の行かない弟にも、心配はかけないで済んだでせう。斯様《かよう》な事になるのも皆んな僕の罪である。「許してください御両親様」と遥《はるか》に南の空を望んで、涙ながらに詫びた。帰宅すべき時間が来て門を出たら、再び熱涙が溢れだして田圃道を一人しゃくり泣きして帰って来たら、後から佐々木計手*に追ひ附かれて言葉をかけられたが、涙を拭《ぬぐ》ふに間に合はなんだ。悲しい様子を他人に見せたくないと思ったが、遂《しま》ひ包む時間がなかった。

小野君は日直でその夜帰らなんだので、僕は一人泣いて送った。それにしても病気親と忙はしい。家業、はては幼い弟妹までも見捨てて逃亡した親不孝な義妹、否、左様な奴は我が義妹たる資格のない馬鹿者が癪にさはって仕方ない。実に不埒な不幸者だ。必ずあの馬鹿者は村の不良青年の手にかかったに相違はないと推測した。やがて僕は弟に対して手紙を認《したた》めて、その様な親不孝者は五本の指［人間］と思ふな！　死んだと思って断念せよ、御前たちは必ず馬鹿者の姉の様な親不孝者になってくれるな、僕もここに居って出来るだけの援助はする考へだと言って、有り合せの金十五円ばかり、日庸代にでもしてくれと送金した。

五月六月も、養家の心配に暮れて、復《ふたたび》七月と言ふ我が胸の鼓動の烈しい月は廻って来た。連隊は一本木原**に野営演習に行って、僕等は業務の引き継ぎの関係で残留した。二十二日の正午に近い頃、塡替所に事務を採って居ると、「鈴木君」と外から呼び声が聞えた。「鈴木万歳だ、安心安心」と後を追ってまた聞えた。戸外に出て見ると、谷□工長が自転車で手紙を持って来た。「安心し給へ。教育総監部から合格の通知が来た」と僕に手紙を渡した。

開いて見ると、士官候補生採用者注意事項があったばかりで、採用したとは書いてなかった。僕は未だ不安の点があったから、秘密にして居った。但《ただ》し親友の小野君と尽力してくれた廣田少尉殿には、演習地まで手紙で知らした。

---

* 経理担当の下士。

** 岩手郡滝沢村。

一三、陸軍士官候補生に採用せらる

手紙を受領してからは毎日官報を待った。七月二十七日には連隊が野営地から帰るので、忙はしく弾薬受領の準備をして待って置《おい》たら、廣田少尉殿が野営地で日に焼けた真黒な顔で填替所《つめかえ》に走り込んだ。

廣「御芽出度う。今日官報に出た。昨日の日附！　君は二百二十名中の中位だ。先《ま》づ安心し給へ。」

僕「さうですか？　御戯談《ごじょうだん》でないですか？」

廣「いや！　今見て来たのだ。君から手紙が来たので、僕は連隊長にその事を話したら、隊は官報に出るまで黙って居った方がよいと言ふので、官報を待って居ったのだ。それで帰ると直《すぐ》に本部に行って今見て来たのだ。」

僕「何《ど》うも御尽力ありがたうございました。」

廣「一盃買はねばならんなあ。」

と戯れて、廣田少尉を塡替所に上り、僕の調べて居った帳簿を自ら取って、僕の代りに弾薬を受領し、僕を官報見に本部にやった。僕は何んだか夢の様であったが、直に本部に入った。

呑気な中路副官は、僕が未だ官報を見て挨拶もしないうちに僕に、「御芽出度う」と言って終《しま》った。連隊長も副官の傍らに居って笑ひながら
「鈴木君もいよいよ目的が通ったなあ。これから復《ふたたび》若くなる訳だのー。先づ御目出度う。」

と言った。官報を調べて見ると、二十八期では僕一人あった。江田君と鈴木米吉君は、何程《いくら》捜しても見当らない。自分は合格しても管鮑の交《まじわり》――水魚の友は合格して居らぬ。共に手を携へる事の出来ない将来を思って残念であった。砲兵工長から八名合格して居ったが、二十九期と三十期が僕以外の人員であった。

やがて関係諸官に申告並挨拶した。連隊長殿は又同情の御言葉をくれた。

連「試験が合格して見ればその後の準備が必要だ。御前も外泊ではなかなか勉強が出来ないだらうから営内居住を許してやらう。成《な》る可《べ》く早く御前の都合の良い時

に営内に入れ。そして学科の外に練兵を盛にやれ。今、上等兵候補者が出て居るから、彼等と共に軍刀術や馬術をやれ。処で御前は何兵科を志望したのであったな？」

僕「はい、第一が砲兵、第二が工兵、第三が騎兵であります。」

連「何兵科にしても馬術は必要だから、この隊に居る間に充分修得して置いたらよいぜ。」

僕「どうか左様な御便宜を賜《たまわ》れば、甚だ幸福であります。それでは、来る九月一日から営内居住を許して下さい。実は今から許して貰ひたいのですが、鈴木は小野と二人で自炊して居りまして、九月分の諸材料の準備して終へましたから。」

例の阿部中尉も、御目出度やら何やらと、御世辞を振りまいた。忙はしく挨拶も終って帰宅した。それから、第一に梅地先生に礼状を出すやら、米原先生に挨拶するやら、殆んど夢の中であった。

夜になって心を沈めて、合格を神に謝した。そして僕は思った。この光栄を得たのは僕の力ではない。神が然らしめたのである。神が僕をして自らを修養せしめ、欲を制して誓ひの貞操を守らしめ、而《しか》して心を散らさず勉強するの余沢を与へ給ふたのである。嗚呼、神よ！　「天は自ら助くる者を助く」と、実に尊き言葉ではないか。将来も万事努力を以て光栄を待たれよ。

発表後数日間は、どんどん祝賀状が来て、見る見る中《うち》に山の様になった。茨城新聞に見えたとやらで、郷里からも手紙が来る。八郎兄からも賀状が来た。技術審査部に栄転した江田君も、是非《ぜひ》上京あれと言って来る。梅地先生も、上京の節は立ち寄られよと言って来た。喜びを得ると共に、過去の苦心を顧みた。

騎二四に着任の翌年連隊本部も人員を変へて、その後は甚だ不真面目な人間が多かったから、中隊の下士から「連隊本部には三等傷［梅毒］が満ちて居る」と謳《うた》はれた。僕は断然、淫猥な彼等と交《まじわり》を絶って居った。或《あるい》は、僕が彼等と離れて勉強して居ったから、彼等から交を絶ったのかも知らん。自分の修養ばかりでなく、業務も決して忽《ゆるがせ》にせなんだから、次第に信用を増して連隊の模範下士となった。将校の会合があって話が出ても、直に下士団では鈴木を於いて他にないとまで賞揚せられた。しかし、この信用も名誉も自ら求めたのではない。僕は上官に「すり込む」事は大嫌ひだ。ただ自分の本分を尽して居る間に、自然に得られた信用である。社会は総て斯様《かよう》であらうと思った。工科学校時代は、随分僕より普通学の力のある人が多くあった。そして彼等は皆陸士を志願して居ったにも不係《かかわらず》、合格して居らない。それには原因がある。彼等は道を過って終《しま》った事は明《あきらか》である。僕の光栄も、ただ意志を変更しなかったのと、努力とに依って生れたのである。今後は、尚更《なおさら》意志を強固にせねばならぬ。ここで安心してはならぬ。今後は陸軍大学の準備であるぞ。成功の基《もとい》が定まるまでは、神に誓った貞操を守って進まねばならぬと決心した。

一四、定例休暇実施と帰省

何はともあれ、先づ義妹逃亡後の養親を慰めてやらねば安心出来ぬ。梅地先生にも、一度は上京して御礼を申さねばならぬ。江田君にも会ひたいと思って、八月二日から定例休暇を実施した。そこで、小野君と東君に送られて盛岡駅を発した。下館に着いて先づ乃木式を一つ訪問してやれと思って、鈴木眼科医院に行った。兄は早くも五十円ばかりの日本刀一振り買って、僕の合格の祝にと待って居った。兄は僕に言った。

「御前には意志が砕《くだ》けると不可《いけ》ないと思って告げなんだが、実は御前が今年失敗したら高等学校に入れて、大学まではやってやりたいと思って居ったのだ。先づ合格したから、その方の心配は不要だ。今後は身を捧げて専心君国に尽して貰ひたい。」

八月の四日に実家に帰る事になった。途中役場に寄った。昼に近い頃であったが、役場員は大方揃って居った。父も何か忙はし相《そう》に事務を取って居った。相変らず元気の村長は大きな腹を出してそり返りながら言った。

「庫さん御目出度《おめでと》う。いよいよ鳥羽にも現役将校が出来ると言って喜んで居った処だ。先づ上って久し振りに話し給へ。小使《こづかい》！　御茶一つ持って来い！」

と小使を呼んで御茶を出してくれた。

僕は甥の國男を連れて居ったから、挨拶が済んだら直に辞して実家に急いだ。門を入ると井の前に何か洗って居ったきの子は、にこにこしながら僕を見て家に入った。家には、やす子と母ときの子が居った。上って挨拶すると、父が帰って来た。昨年と異って、今年は喜びの話であった。今年は父の土産に、僕から下館の銘酒を持って行った。その夜はその銘酒を父に進めながら、種々将来の方針を語った。二泊する間に、例の通り鎮守と墓には詣《もう》でた。七月の七日には、きのとやすとを連れて筑波山に登り、拝殿で合格の御礼を述べ、かつ将来の成功を祈った。帰途、沼田から二人を実家に戻し僕はそのまま田中に帰った。途中わざわざ養家の耕地を見て行ったが、作物は甚だ良成績であったので、ほっと一安心した。

実家に入ったら、皆の者の満面には喜びが溢《あふ》れて居た。父のリウマチスは以前通りで全快しない。僕は佐多次郎から貰った調剤の証明書と共に、薬代として父に十五円上げた。

妹みねの話は養父からも養母からも一言も出されなんだ。僕も養親が恥ぢて居る処と覚《さと》ったから、一言もそれに関しては尋ねなんだが、杉木《すぎき》の叔母から聞かされた。今は群馬県地方に居るとやら。逃亡の原因は僕が想像した通りであった。その誘惑した不良青年は、平気で村にあった。僕は村の青年が腐敗して居る事をつくづく感じた。

今では弟の卯一が立派な体格で、農事に勉励するから、僕も大いに安心した。今年小学校を卒業したばかりの子には珍らしい勉励な青年だ。これもやはり親の困苦を思って居るからであらう。今は僕の代りとなって、養を親に致す一人となった。妹のとら子は今年尋常小学校の三年生であるが、これも非常に良い成績で、常に一番か二番にあるとやら、郡長さんから貰った賞品なども僕に見せた。彼等の姉は馬鹿者であるが残った彼等は何とか物になり相《そう》に見えた。

僕も卯一には及ばなんだが、とらが小学校卒業する頃は、何とかして中等教育位はしてやれるだらうと思った。養家にも四泊して語ったが、近所の人が来て言ふ。

「こちらの御父様も長い病気で、何時来て見てもうつ然とした顔ばかりして居るが、庫三さんが来ると、まるで生き返った様な顔をして居る。親子の情と言ふものは実に尊いものだねい《え》！」

幸ひ、今年も小野村君と同時に定休を実施したので、又もや昔を語る事が出来たが、僕は十一日に東京に向って立った。僕が五年程故郷を去って居った間に、この地方も随分開化した。今は北條町から汽車に乗れる。早朝汽車に乗ると、午前九時には東京に着く事が出来る。

東京に到着して、直《すぐ》に技術審査部を訪問して江田君に会った。そこには同期生が沢山居った。午後江田君と共に渋谷に行って、品川沖に端艇《たんてい》を浮べて楽しく遊んだが、その夜から数日、神田の江田君の下宿に宿泊する事に決定した。その夜は江田君と共に久し振りで語った。工科学校卒業の時、共に泣いて別れたのも、今思へば遠い昔になって居る。しかし御互の友情は少しも変って居らぬのは実にも懐しい。彼は言った。「不幸［にも］試験には失敗したが、決心して下士では満足して居らぬから、君よ、安心してくれ。年は経っても僕の無邪気な心は依然として変らないよ。決して悪い道には入らんから心配してくれるな。未だ意志は強固だぞ。」

実は僕も、或は江田君は変って居りはせぬかと心配して居ったのであったが、彼の無邪気な処には感じた。

十二日になって、江田君は技審*に出勤する。僕は新宿の梅地先生を訪問した。三年前に毎日曜通学した道は今も残って居ったが、早や先生の宅の附近には沢山の家屋が建設せられて見違ふ様に変って居った。先生の宅もその後新築したらしく二階建に変って居った。

門を入ったら先生の奥さんが見つけて
「あら久し振りなこと、まあ！　鈴木さんが御出になりましたよ！」

と言って先生を呼びに二階に上った。先生が降りて来られたから、挨拶した。

先生「この間手紙が来たから、今日か明日かと思って待って居ったよ。いよいよ明日から登山に出かける考へであったから、もし僕の不在中に鈴木が来たら僕の帰るまで泊らして置けと家内に命じて置いた処だ。先づ脱いで上れ。今二階を少し修繕して居ったのだが、もう少しで終るのだ。鈴木も少し手伝ってくれないか。終ってからゆっくり話したい。鈴木が在校中植ゑてくれた梅は、あの通り大きくなって居るぜい。」

修繕も終った。暑いからと言って奥さんが水風呂を用意してくれた。水風呂から上るとゆかたを貸してくれた。

先生「今日は久し振りで二人で一盃《いっぱい》祝《しゅく》する事にしよう。何も御馳走はないが、一つ話さう。」

生「実は先生、昨年九月から一向酒はやらずに居ったから駄目です。」

＊　技術審査部。

先生「卒業する時、合格した二人で一盃やる約束をしたではないか。今日は約束通り一盃やらう。」

と言って先生は盃をさした。それから二人で盛《さかん》に話が出た。

先生「この間数学の時間があったので、分校に行ったら某佐長が「梅地先生！　士官候補生が発表になりましたよ」といふから直に飛んで行って官報を見た。そしたら鈴木の名が出て居ったではないか。僕は初めは信じられないで幾回も幾回も見た。実は鈴木の生い立ちも知って居ったから、鈴木は早や下士で満足して居るのだらうと想像して居ったのだ。」

生「何《ど》うして先生、下士で満足して居るもんですか。後も一年は受験年齢はあったが、今年が最後と思ってやったのです。今年もし失敗したら、恥辱を蒙りながら軍隊に居られないから、軍隊を止める考へでした。そして後先生の御厄介になって、東京の中学に入って、初めから焼き直しする意気込みであったのですよ。」

先生「それからねい《え》、官報を見てから直《すぐ》に教室に行って、数学の授業もそっちのけにして、鈴木の努力談を生徒に紹介したよ。遊泳から帰ると、本校の生徒にも紹介する考へだ。」

僕　「それは恐縮ですねい《え》。」

と答へて語り続けた。快活な努力家は今でも義侠的な事をやって居るらしい。「今度本校の生徒が遊泳演習から帰ると、又二三人数学習ひに来る約束になって居る。」と言った。長い夏の日も話に時を移して、赤い夕日が西の窓にかかった。残る話を打ち切って、電車で神田の江田君の下宿に帰った。その夜は江田君の案内で上野の博覧会に行った。三年前踏み立てた公園附近も大分変って、不忍池畔は電車が通ふやうになって居った。

翌朝汽車で所沢に向って、航空隊研学かたがた八郎兄を訪問した。久し振りの対面とて遂ひに一泊せしめられた。兄は今度飛行隊に附いて、伊国に派遣される事になったと喜んで居った。

十四日に一先づ東京に帰り、江田君と別れる事になった。午後になって、両国停車場まで送られ、僕は千葉に向った。その夕、千葉に着いて田村病院に居る正一郎兄を訪問した。兄は昨年来、日本で未だ製造されない乳糖の製造並に研究に従事して失敗し、今日田村病院で医業に従事し傍ら研究して居るのであった。

千葉に一泊して兄と話したが、翌日成田不動尊参拝の為、千葉を発した。成田に着いて不動尊及佐倉の宗吾堂に詣でた。成田の断食堂には感心した。暑い夏の日に断食して顔も青ざめて居る人が沢山見えた。彼等は盛に祈願をかけて居った。人間苟《いやしく》も志を立てたならば、斯《か》の様に熱誠でなければ成功は思付かない。この暑い夏の最中に断食する決心は実に偉いものだと、所感を手簿《しゅぼ》*に控へた。

午後三時に成田発の列車で土浦に向った。土浦から筑波鉄道によって北條に到着し、その夕、田中に帰り養家に一泊して十六日の朝、鷺島に帰った。きの子は「庫さん、連隊から転任の手紙が来て居りますよ。」と言ふので、驚いて見ると、八月七日発令で大阪砲兵工廠附となって居った。僕は思はずはっと嘆息した。大阪地方［を］跋渉《ばっしょう》して見聞を広めるのは良いが、入隊までに連隊で学術科の研究して行く事は全然出来ない。今になって転任とは、いさぎよく受け取りにくいが、陸軍省の省令だから仕方がない。未だ休暇の日数は残って居ったが、急に帰隊となって翌朝家を起って下館の兄の許に立ち寄り、午後一時の汽車で下館を発し、小山から急行で、その夜午前三時頃、盛岡の自宅に着いた。

＊　ノートの軍用語。

一五、大阪砲兵工廠に転任

雨戸を押し開いて小野君を起した。僕の転任を知った小野君の顔には悲感の色漂《ただよ》ふて居った。

翌日から隊に出勤して、業務の申《もうし》送《おくり》やら挨拶やらと随分多忙を極めた。下士団でも送別会をしてくれる。友人の送別会がある。廣田少尉殿からは招待される。研究会からは記念品に指揮刀を送って来て、大した騒ぎの中に八月二十四日となった。荷物は東君と小野君の手伝を受けて荷造《にづくり》し、大阪に発送した。

二十四日は最後の出勤であった。銃工卒からは記念品として硯箱を送られたから、僕も彼等に相当の記念品を与へた。最後の出勤に際し、最も悲しく感じたのは自ら教育した工卒と別れねばならぬ事であった。これが一番の涙である。三年間住んだ兵営を後にして去る心は、我家を去った心と少しも変る処はない。何時にもなく岩手山も雲を着て居る。毎日連隊への往復に踏みならした道辺《みちべ》の木々草々も、物哀れに我と袂別《べいべつ》を表して居る。

嗚呼、茨島よ。悲しい時も嬉しい時も汝と共に遊んだではないか。茸狩《たけがり》もした。蕨《わらび》刈もした。今は汝と別れねばならぬのだ。再び奥州の野を見るのは何時であらう。住めば都。盛岡は僕の一階段を作った地である。温い情のある地である。愛する友の居る処である。

その夜は小野君と共に袂別の宴を開いた。数名の友人も来てくれた。家主をも招待した。小野君は早や元気の大分を失って居った。

翌二十六日の朝、東雲も晴れやらぬ頃に小野君や家主の勘次郎君等に送られて、盛岡駅に詰め込んだ。見送りの人は沢山来て居る。米原先生も居った！　廣田少尉殿も居った。兵営からもはるばる皆さんが来てくれた。義理の固い二八の伊藤軍佐も来てくれた。一々御礼をして廻ると、もと英語を教はった金精一先生も居った。実に我が身にあまる光栄であった。

やがて汽車に乗り込むと、米原先生や小野君、家主やらとどんどん窓から土産物を投入してくれた。

最後の別れのいやに早い汽笛がぴゅーとなった。「鈴木君、御機嫌よう」と一同の見送人から発言された。この光景を見た汽車中の人は眼の玉を丸くして居る。僕も「皆さん夜中にも不係《かかわらず》遠路御苦労様でした。どうぞ御壮健で」と言葉を残して、懐しい盛岡を後にした。汽車の中で後に残した友を思ひ続けて居るうちに、汽車は東京上野駅に着いた。丁度それが午後四時半であった。午後の八時に東京駅発の下り列車に乗り込んで大阪に向った。豊橋附近から夜がうす明るくなり、線路の真《ま》ぎわまで波が寄せて居る。鉛色の海の中にある帆船もぼんやり見えるようになって来た。

心地よい汽車は旅行を続けた。名古屋では朝日が昇って居った。名高い古城天守閣の金のしゃちほこは輝いて、汽車の窓からも見えた。やがて美濃の関が原も通った。昔天下分目の戦のあった処と思ふうちに、汽車は琵琶湖畔に通りかかった。瀬多川の鉄橋を渡った時は、あはれな俊基朝臣*の東下りを思ひ出した。京都は後に見物に来る予定であったから、パスして大阪に急いだ。梅田駅に到着したのは午前十時頃であった。煙突の多いのと上層の濁った空気には、見る見るいやになった。煙の都！　東洋のマンチェスター！　とばかり叫んだ。先づ工廠に行って同期生を訪問した。下宿を東区に決定し、翌十七日より出勤した。

大砲製造所附を命ぜられた。工廠は勤務時間も非常に長い。毎日十二時間以上も勤務せ

---

* 鎌倉幕府打倒の企てに失敗した日野俊基。

ねばならぬ。又一週一回乃至は十日に一回夜業もある。同期生は約十名工廠にあるので、同期会も成立して居った。しかし彼等は皆煙突下の生活に不満があったらしい。平和な奥洲に住んで居った僕は、この日本一、否、東洋一の生存競争場を悲感した。過般の米騒動の跡は残って居る。物質の事は言ひたくないが、物価も盛岡に比較しては雲泥の差である。而《しか》して一般が薄情極まる事は驚いた。会ふ人も会ふ人も皆薄情な顔をして居る。それ故、一ヶ月位は温い盛岡ばかり思って居った。当地方の名所旧跡をも訪ねて好まぬ都の生活を慰めようと思って、京都にも行った。伏見歩三十八*の村上君の案内で御陵参拝や名所旧跡の歴訪をしたが、京都と大阪では人情がまるで変って居る様であった。僅《わずか》の時日であると心を押へて、火砲の研究や新兵器の見学をして居るうちに十月は来た。

* 歩兵第三八連隊。第一六師団所属。

一六、兵科決定と決心

昨年は十月十五日に配属部隊が発表されたのであったが、今年は遅いと待って居ると、十八日の正午頃、火砲製造所の事務所から手紙が来た。開いて見ると陸軍省達として、

陸軍砲兵二等銃工長　鈴木庫三

士官候補生を命ず　来る十二月一日午前九時

輜重《しちょう》兵第一大隊に入隊すべし

とあった。見るより僕は、絶望の感がむらむらと起った。玉手箱の蓋を開いた浦島の様であった。志望兵科の一つも採用されて居らなんだのを知った時は、宛《あたか》も世界一統の野心家奈翁*一世が流刑に処せられたよりも尚つらい感じがした。

砲工学校は絶望、兵器の研究は断念！　ただ残るのは参謀のみ。人間万事塞翁が馬だ。

返って砲工学校あたりうろつくよりも、かつ煙突下の生活を止むなくされるよりも、輜重の方が良いかも知らん。任官後は専心、陸軍大学の受験準備に熱中する事が出来る。砲工学校あたりで頭を使ふよりは、参謀に早くなった方が何程《どれほど》良いか知らぬ。参謀になれば何兵科でも変った事はない。二三日前、上原〔勇作〕参謀総長の巡視があった時に決心した方法を取るには甚だ都合がよいであらう。

「男子と生れて軍国に身捧げたならば、少くも国家の軍略を担ふて起つ人とならねば駄目だ。僕は上原参謀総長以上の参謀になって見たい。世界一の参謀になって見たい。」嗚呼、塞翁が馬、塞翁が馬！　徒《いたずら》に世を嘆《たん》ずる者は愚者に劣る。今後は陸軍大学の受験準備に没頭するがよい。

前編終り

＊　ナポレオン・ボナパルト。

詩　歌（「思出記」第二巻ノートに記載のもの）

原参謀総長以上の参謀に至つては世界一の参謀になつて見たい 嗚呼寒翁が馬 寒翁が馬――住んだ世を嘆ずる者は愚者に而る今後は陸軍大学の選抜準備に没頭するがよい

（前編終り）

新体詩

東京へ還る

茨島吉思守

柚子匠わて出て見れば　野山は今や花盛り
戯れ遊ぶ蝶々の　羨み羽白をあげて
或は色に文法に　舞ひ舞する其様は
君と我との戯れに　黒すなきけ向ひし
柚萩若の手掛松　恋する人は誰と誰
あはれや松は見えねども　滅びし跡はあはれなり
紫藤の影流る　北上川の岸に浮ぶ
る花踊んでよりけは　波の綾織る土手の際に
人の往来の少なけに　水だいて入る渡舟
主に呼ぶよの声山ねは　舟の中水吸みて

新体詩

東君へ送る

茨島《ばらじま》を思ふ

袖を連ねて出てみれば野山は今を花盛り
戯れ遊ぶ蝶々の黄金の羽も日をあびて
或は先に又《また》後に楽しく舞へるその様《さま》は
君と我との戯れに異なるなきは面白し
袖萩君の手掛松索《もと》むる人は誰と誰
あはれや松は見えねども滅びし跡はあはれなり
紫藤の影流る北上川の岸に沿ひ
百花踏んで上り行けば波の綾織る土手ぎはに

人の往来も少なげに
主を呼べども来らねば
小舟の中に身を委ね
ああの昔赤壁の
月と水とを友として
俄《にわか》に曇る心には
此処我等も盃を取り
かなたの崖に咲く花を
何時か心は邪を去りて
岩手の山の嶺よりも
袂を払ふそよ風を
蕨の束も重なれば
腰打ちかけて相共に
眠る我等の心には
廻る月日の小車は
涼しき風をもたらして

水たたへたる渡舟
舟の中水吸《の》みほして
川の真中に流しけり
下に遊びしその人は
飲みつ歌ひつ語《かたら》へ《い》つ
その身の哀をひそめけり
河の流に濯《そそ》ぎつつ
友に迎へて歌へけり
清らに語る将来は
尚ほも高らに覚ゆなり
身に浴びながら手折り行く
あらしに立てる松影に
かはせし盃を捨て置きて
深き友誼を夢みけり
やがて暑さも打ち払へ《い》
木々の老葉を誘ふなり

秋も最中に入りぬれば
茨の島も錦着て
此処は我等は又更に
栗の落葉の音高き
実れる栗をつくぐくと
今年の四月種まきて
秋の日和に曇もなく
実らぬ我等の心には
悲しき時も憂き時も
今は山川離つれど

岩手の山も色採《いろど》られ
君と我とを迎へけり
袖を連ねてもろ共に
林の中に入りにけり
眺むる我の心には
実らぬものの怨《うらみ》あり
空は高らに晴れたれど
去らぬ叢雲《むらくも》残るなり
共に語りし我友よ
忘れはすまじ我心

完

新体詩　小野君へ送る

小岩井遊び

しら雪積る陸の奥の　桜の花は早からで
卯月半も過ぐる頃　匂ひ初《そ》めけりあちこちに
苦き戦も終へたれば　疲れし身をば休めんと
親しき友の二人をば　誘ひ集めて諸共《もろとも》に
嘶《いなな》く駒に鞍置きて　鞭打ちにける三人の
行く手は何処かなたなる　霞の中にほの見ゆる
桜の枝の影踏んで　ゆるき坂路を上りつめ
岩手の山の麓なる　其の名も高き小岩井よ

馴れぬ騎乗の先頭は
後に来《きた》るは管鮑《かんぽう》の
駒の蹄《ひづめ》の音高く
酒保の様の盛りなる
三人の顔は色採らる
無邪気の駒の団欒より
長閑《のど》けき春の日をあびて
乗車〳〵と乗る駒を
新盛岡の傍らの
笑みたる顔も何時となく
かかる親しき我友を
別れし我の心には
哀れや神はなぜ我を
せめて霜月来るまで
温き情のある友と
送りし年は早やけれど

水魚の仲の小野の君
交り深き東君
走り入りたる小岩井の
花の香を吸む盃《の》に
共に語るの楽しさは
尚ほも遥《はるか》にまさりけり
帰る道辺の荒岩に
気遣ふ友は東君
道を走りしその折りは
臀《しり》の痛さに苦みけり
後に残してはる〴〵と
朝な夕なに思ふなり
かかる難波《なにわ》に送りしや
残さざりしやなぜ我を
共に将来語らへて
別れて待つはいや長し

嗚呼我友よ〱　我の昔を思ひなば
便りの雁を走らして　筆の雫を送られよ

完

新体詩

故郷の四季

綾の衣を身に纏ひ
栄華の年も重なれば
開かぬ前に玉手箱
いかで辞すべき蓬萊宮
昔と今は変はれども
かしこを見ても此処見ても
関東平野の傍らに
何時も笑顔に我を待つ

きの子に送る

玉のうてなに住みたれど
よさの海辺に劣るなり
悟りしならば浦島も
悔いて覚《さ》むれば早や翁《おきな》
変らぬものは人心
故郷に勝る都なし
いとは高らに聳ゆるは
その名も高き筑波山

西と東の岡峡《おかあい》に
何時も歌ひて我を待つ
後は山に閉《とざ》されて
平和の森の鷺島は
霞たなびくその頃は
長閑《のど》けき森のその中に
延び立つ麦の畑峡《はたあい》に
風に香を運ばせて
桑の園生《そのう》のあちこちに
村の乙女のやさしさに
桜も桃も花散れば
さ苗《なえ》も青く延び立ちて
小田もいよ〳〵賑ひて
居り立つ田子の夫々も
白き手傘かざしつつ
田舎乙女のやさしさは

挟まれ走る銀線は
流れも清き小貝川《こがいがわ》
表は河に洗はるる
常に忘れぬ我故郷
匂ふ桜に蔽《おお》はれて
百鳥《もづ》さいも《え》歌ふなり
黄色に混《こん》ず菜の花は
舞子の蝶を待てるなり
歌へ《い》ながらに若芽つむ
都乙女も及ぶまじ
一雨毎《ひとあめごと》に苗代の
田植の時も来《きた》るなり
嘶く駒を引ける子も
紺の単衣に身も軽し
歌ひながらにさ苗取る
都のそれに勝るなり

五月雨《さみだれ》長く続くとも
何時《いつ》の間にやら穂を孕み
燕の宿も空になり
小田に黄金の波を打つ
去年の藁を腰にして
稲刈る乙女のやさしさは
栗もほのかに笑み割れて
筑波の山も錦《にしき》着て
うどんげの花咲さく秋の暮れ
木だちも寒くなりぬれば
霜の柱に菊もかれ
足駄の響いや高く
凩強くささやけば
団欒《だんらん》ながらに打ち笑ふ
新なる年楽みて
村の乙女の無邪気さに

勇み生ひ立つ青稲《せいとう》は
いざや出揃ふ早や実る
空に列なす雁見れば
稲も刈るべき時は来ぬ
歌ひながらに鎌を取り
都の夫《そ》れも羨まん
柿も梢に色つけば
我が故郷を飾るなり
鎮守の森は落葉した
村の祭の太鼓鳴る
寒夜も長くなるほどに
聞ゆるものの哀れなり
火鉢の中に芋埋め
家族の情もいと深し
笑顔に針を運ばする
都乙女も及ぶまじ

あはれ異郷の吾々は
旅の年月重なりて

浦島子にはあらねども
故郷の空を望むなり

完

大正七年勅題に対して　（牛丸四方造君より）

海辺の松
あかねさす　あまつ初日の影うけて
海辺の松に潮寄せにけり

以下牛丸君より寄贈
馬にして山峡を吾の越えゆけば
岩手少女は若芽摘めるも
（騎工連合演習の感）

山峡を進む騎兵に山人は
何かもわかて声を放てり

（騎工連合演習感）

峡《かひ》つ辺に水飼ひすれば山賤《やまがつ》の子らはさり来ぬ
家も見えなくに

（騎工連合演習感）

隔離すと当番卒が病める馬ひき行く野べは
草青みたり

病馬廐《やまいうまうまや》をかこむほどの青葉してさみだれの
ころとふりにけるかも

（病馬廐所感）

筑摩野の岳辺の路に紅躑躅《べにつつじ》の匂はむ頃は
君ししぬばる

夕明り若葉しげりの下へには水かもあらめ
禽《とり》なきこもる

梓弓春日の野辺にさくら花　韻にこそ匂へ
君をしぬばむ

桜山木の間ほのけき花明り逢ふまく欲しきゆふまぐれ時

桜山

桜山来春万花反唇
百鳥歌樹間声長閑
残塁朦朧横夕陽
遊子立俯仰旧城跡

さくら山

かぎろひ来る春日の光に
ここ陸の奥のさくら山辺は

匂ひも床しく桜花咲き
　ふく音長閑《のどけ》しももちどり
かしこに残るは昔の城跡
　ここには残る石の垣
春朦朧のたゞその中に
　俯仰《ふぎょう》の遊子身はひとり
笑みこそ浮べつ春着の袖も
　いと軽やかに木の影に
舞へるをとめに散りも匂へる
　さくらの花は遠つ世の
太守の君かもののふどもを
　集めて春の宴《うたげ》する
よろひの袖に色香も今と
　変らで春は散りぬらむ

枯木の紅葉　（箕面紅葉狩に際し　［大正］七年十月）

紅葉よむ人もあるまじ枯木見て
　覚りの道につたなかりせむ
かれ木みて紅葉歌はん術《すべ》もなし
　覚りの道につたなかりせむ

新体詩　別れて後　大正七年十一月

月にむら雲花に風
心のままにならぬこそ
憂きよに住めるならひとか
賢こき人の読みしごと
別れて後は梓弓
春秋あまた重なりて
早や五年になりぬれど
そちに会ふべき折もなし
御国に捧げし身にしあれど
故郷に残るはらからと
情も深き父母を
思ひしのばぬ日はあらじ
わきてこたびの病には
老の親ごが杵取りて
搗きし米糠に情のある
恵の山はなぞ忘る
また懐しのそなたには
晒《さらし》の布にみてばかり
取りにし針の情をば
異郷の我に送りけり
誠の道もかくあらば
清き心はちはやぶる

神の恵ともろともに
廻る月日の小車を
二十四日も明けやらば
煙みなぎる難波をば
花の都に上るべき
愚なる身の功成るを
鎮守の森ももろ共に
やよ懐しきはらからよ
いつか我等も錦着て

わが身の病はらふらん
駆りて進めて来《きた》るべき
いとすこやかの身となりて
後に残していざくらは
楽しき時は来るらむ
待たるる郷の筑波山
我身守りとならぬなり
学《まなび》の山に挙《た》ち上り
楽しく語る日もあらむ

完

誹諧　［大正］七年十一月

薄氷

腰折れし蓮の枯葉に薄氷
長々と岸につづくや薄氷

凩

凩や月の光に霜光る
凩や裏戸の隙を押しわけて
凩に樹梢《じゅしょう》はうなり戸はひびく

冬の月

凩の上にさいたる冬の月

草屋根に宿せる霜や冬の月
水際に枯るるまこもや冬の月
雪冠る山の嶺より冬の月

水鳥
池の上凍るばかりの鳥の声
冬枯れや水際の葦に鳥の声
小家つづく魚村の空に雁の帯

寒梅
寒梅や暗夜の旅の道しるべ
稲村の上に顔出す寒の梅

入営
営門に立てる歩哨も古参顔
つい昨日つみたる髪の後寒し

第二部　情報局情報官としての回想

「国防国家と思想」（一九四一年一〇月執筆、『吉田博士古稀祝賀記念論文集』寳文館・一九四三年）

国防国家と思想

情報局情報官陸軍中佐　鈴木庫三

一、戦争の進化と国防国家

戦争は国家の運命を左右する一大事であるから好んで之《これ》を行ふべきではない。けれども神ならぬ人間の世界には、避けんとして避けることの出来ぬ戦争が永遠に存在する。故に已むを得ずして戦ふ場合には必ず之に勝たねばならない。又《また》之に勝つ為《ため》には一切の力を用ひねばならない。此の戦勝あつて始めて国家の存立も確保され、国民の生活も安定し、文化の創造発展も可能である。

然るに戦争は学術の進歩や世界情勢の逼迫《ひっぱく》と共に益々進化して止る所を知らない。而《しか》も一度進化した戦争は更に進化するにしても、退化しないことを歴史は訓《おし》へて居る。過ぐる世界大戦には武力戦から国家総力戦に進化したけれども、これは武力戦から大飛躍をして一気に総力戦に進んだのではない。学術の進歩や其《そ》の他の要因と共に不断に総力戦に向つて進みつゝあつたものが、あの劃期的な大戦に於《お》いて顕著に現れたものに過ぎない。而して今次の世界大動乱に至つては、総力戦が量質共に更に〳〵進化しつゝある。而も世界情勢の逼迫と共に、具体的な武力戦の行はれて居ない平時でも、総力戦の或る部面たる思想戦、外交戦、経済戦の如きは常に行はれて居ることを見逃してはならない。此の様な戦争の進化に応じて、国防形態は軍備主義から広義国防の中間段階を経て国防国家に進みつゝある。

国防国家の概念規定は各種の見地からなされるが、之を力の方面からすれば、国家目的に従つて人と物と文化との最大綜合力を集中発揮することの出来る国家体制である。而して人即《すなわ》ち国民は特定の統治権下に自ら之を組織して、国家目的に合する如く物と文化とを活用すると共に、更に新なる物と文化とを創造しつゝ国家の存続発展を図つて行く。此の様な綜合力を発揮するためには、強く正しい一元的な政治力によつて、国防国家の建設要素たる人と物と文化とに対し、一元的な全体組織と統制的な運営とが加へられねばならない。従つて国防国家の第一の特色は軍事・政治・経済・教育・宗教・言論等（大別すれば人、物、文化）一切の国防要素に亙《わた》る一元的な組織・統制・運営といふことになる。然るに国防国家は具体的な戦争が始つてから其の体制を整へるのではなく、平素から其の体制にあらねばならない。又具体的な戦争が終つたからとて解消するものでもない。否寧《いなむし》ろ戦争の進化や世界歴史の流れ等を見透して、之に即応する永続的体制として建設さるべきものである。而して既に述べた様に国家総力戦乃至《ないし》国民戦にまで進化した戦争は更に進化するにしても退化することのない歴史的教訓に学び、世界情勢の逼迫と共に武力戦の行はれて居らぬ平時に於ても常に国家の興廃を左右する思想戦、外交戦、経済戦が行はれて居ることを思ひ、世界歴史の必然的ともいふべき流れの方向を見透すならば、国防国家の永続性と其の体制の進化とは自づから首肯される筈である。国防国家の第二の特色は実に此の永続性に関聯して生れる。即ちそれは平戦時両時に亙り国民生活の安定と文化の創造発展とを保障することである。否寧ろ此の両者に対し、国防国家にあらざる体制に比して、国防国家は一層善き条件を与へることである。此に於て、右の二つの特色を綜合すれば、国防国家は平戦両時の近似体制であつて、平時体制に大なる変化を加へずして直ちに而も容易に戦時体制に転じ得るばかりでなく、国民生活と文化の点から考へても平時にも善し戦時にも善しといふ体制である。約言すれば人・物・文化の一切に亙り、平戦共通両善の体制といふことが国防国家の綜合的特色となる。

以上の様な関係にあるので、国防国家といふ名辞は之を軍事上から観た新体制の名辞であるとも言へる。従つて之を国民生活就中《なかんずく》経済的な観点からすれば、国防並に国民生活の重要物資を自給自足し得る産業国家である。而して之を文化的観点からすれば、健全なる文化の創造発展を約束されたる文化国家であり、人即ち国民陶冶の側からすれば、最も理想的な教育国家でなければならない。

二、国防国家体制の根本は思想にある

国防国家は右の様な性格からして、個人主義や自由主義や民主々義や唯物主義の基礎の上には健全強固なものは出来ない。どうしても全体主義、統制主義、一元主義、精神主義の基礎の上に立つて物と文化とを活用せねばならない。従つて国防国家の建設に当つて、先《ま》づ以て考へねばならぬことは人の養成就中《なかんずく》国民思想の陶冶《とうや》であつて、其の根本をなすものは国防国家の成員たるに相応しき人生観（世界観）であり、国体に対する不動の信念であり、此の人生観、此の信念を基礎とする国家生活の実践態度である。之を等閑に附して建設した国防国家は所謂《いわゆる》ハリコの国防国家であつて魂の抜けた形骸に過ぎない。故に思想の根底から健全強固な国防国家を建設するには、少くとも数十年の年月を要することになる。

右の様な関係を解り易くするために、私は国防国家の仮想断面を考へる。静に眼を閉じて此の断面を書いて見ると、それは上中下の三層になる。上層は政治・経済・軍事・国民生活等の具体的に現れる現実相であつて、中層は教育・宗教・言論等の機能及び政治力の働く世界であり、下層は国民思想の培はれる床である。此の三層の関係は中間層の教育・宗教・言論などが働きかけて下層に国防国家成員たるに相応しき国民思想を培ひ、更に其の中間層の言論や政治力が働きかけて下層に培はれた思想を逐次上層に向つて実現することになる。而して其の実現された形は新なる法律となり、制度となり、道徳となり、風俗となり、社会慣習となる。即ち此の様な関係にあるので、国防国家の建設は決して一朝一夕の事業でないことが解る。

三、国防国家の建設は教育から

前述の関係から推して、国防国家の建設は教育の方面から進めるのが本格的な当然の行程である。而して私は之がための教育の一時代を約三十年と見積る。それは七八歳の児童から教育を始め、少くとも十数年の年月を費して心身を陶冶し、国防国家の成員たるに相

応し き世界観と信念と国家生活の実践態度とを与へつゝ之と共に国家有用の識能を附与し、之等の国民を適材適所主義によつて夫々《それぞれ》の職域に配置するにしても、彼等が少くとも三十七八歳にならねば、重要な地位に立つて国家を担ふて働き且《か》つ其の地位から彼等の思想を具体的に実現することが出来ないからである。

之をナチスドイツの場合に就て観れば、パーゼヴアルクの衛戍《えいじゅ》病院の病床の上に負傷の身を横へたまゝ、過ぐる世界大戦の屈辱的休戦の報を耳にしたアードルフ・ヒトラーは悲憤の結果、一身を祖国の再興に捧げようと決意したのであつた。そこで彼は退院後ドイツ労働党に入り、僅かに七八人の党員から拡大強化してナチス運動を展開した。党争激甚なる当時のドイツ政界に飛び込んで、僅かの人々によつて新党の発足をするには、恰《あたか》も日本の風習に見る如く兄弟の盃を交すといふ風に、勿論《もちろん》堅い契りによつて結束したに相違あるまい。然るに西暦一九二三年、ヒトラーが一度捕へられて獄中の人となるや、同志の中にはヒトラーに見切をつけて他の党派に走つた人々も少くなかつた。翌一九二四年、釈放されて再び党に帰つたヒトラーは此の有様を見て、成人した人々の頼み難《がた》きを痛感し、新しい精神運動は何うしても青少年から教育して行かねばならぬことを覚つた。こゝがヒトラーの賢明な所であつて、ドイツをして今日あらしめた出発点は実に茲《ここ》にある。蓋《けだ》し思想の病《やまい》一度膏肓《こうこう》に入つた成人の精神的治療は頗《すこぶ》る困難なるに反し、未だ思想の病に侵されて居ない青少年を健全なる精神に育て上げる方が遥《はる》かに容易であるからである。

時恰もバルヅール・フオン・シーラツハといふ十八歳の一中学生がヒトラーを訪れて、ナチス青年学徒団を組織したいと申出て来た。ヒトラーは其の熱情に感動して之を許し、其の事業を彼に委ねることになつたが、一九二六年には彼の率ゐる三百人の青少年団に対し、正式にヒトラーユーゲントの名を与へたのであつた。かくて此の青少年団は有形無形の徹底的訓練就中特色ある指導者的訓練を経た結果、当時数多ある青少年団の中に於て異彩を放ち、ドイツ青少年のあこがれの的となつて来た。之と共に団員は次第に拡大し、一九二九年には二千人、一九三二年の始には二万人、同年十一月には十万人に達した。他方之と相併《あいなら》んでナチス党は苦闘の結果、益々党勢を拡大強化し、其の勢力は他の各種党派の追随を許さぬ様になつた。茲に於て一九三三年一月には、時の大統領ヒンデンブルグからナチス党に組閣の命令が下り、遂にナチス政権を樹立することが出来た。而してこゝに特に注意すべき点は、ヒトラーが初めて国会を召集した時に、其の代表者の平均年齢が二十五歳であつたといふことである。一九三三年に二十四五歳になる青年は一九二六年にヒトラーユーゲントが出来た時には十七八歳で、その指導者であり、又指導を受けて居た青年であつた。勿論ドイツでもそれ以前には少くとも四十歳前後にならねば、代表とか代議士とかになれる筈はあるまい。然るに遽《にわ》かにその平均年齢を二十五歳に切り下げたのは何を意味するかを深刻に検討して見る必要がある。即ち此所が非常に重要な点で、新しい世界観をもち、新しい民族的信念をもち、此の世界観と信念とに基づく国家生活の実践態度をもち、且つ鍛錬主義教育によつて健全強壮なる心身と、身に着いた徳と、理論と実際とを兼備する知識技能を与へられた青年達を以て、政治の中枢を組織したことを意味するものと判断するのが至当であらう。現在のドイツ青少年団は八百万に余る男女団員を擁して居るが、其の指導本部の組織の中に世界観訓練課の設あるのも実に故ありといふべきである。而して其の世界観は個人主義の色彩の濃い西洋哲学から与へられたものではない。またキリスト教から得たものでもなく、ましてやマルクスの唯物史観から把握したものでもない。寧ろドイツは我が国体精神に学ぶところがあつたと識者は見て居る。即ち彼は従来からもつて居た文化の肉体の中に我が国体精神の魂を取り入れて、ドイツ民族社会主義を導く世界観を確立したものと見られる。果せる哉《かな》総統ヒトラーは今でも熱心なる我が武士道の研究者である。蓋し武士道は我が国体精神が臣民の道に具現されたものに外ならないからである。

兎《と》に角《かく》ナチス党は一方に従来の個人主義、誤れる自由主義、民主主義を排撃すると共に、他方に従来の物質主義、マルクス主義を排撃して、民族主義国家主義の全体観に立ち精神主義を以て党員を陶冶したのである。而して一九三三年、政権を握ると共に此の様な世界観をもつた人々を政治・経済・軍事・教育・言論等の要路に配置して爾後《じご》約七年の間、営々と努力した結果、次から次へと革新が断行されて有形無形両面の力を充実し、今日見る様な鞏固《きょうこ》な国防国家に躍進したのである。

けれどもドイツに於《お》ける以上の諸関係を詳かに吟味すれば、其の要点は次の二つに要約される。即ち其の一は思想の病に侵されて居ない青少年を、新しい教育の力によつて民族的、国家的に健全な思想に育てゝ行つたことであり、其の二は斯くして育て上げた人材を、政治の力によつて国家社会の重要な指導的地位に配置し、一時に国防国家運営の原動力たる一元的な強力政治体制を確立したことである。然し乍《なが》ら更に此の二つの要点の根源に遡れば、結局教育の力によつて国民就中指導者の錬成から着手したといふことになる。果せる哉ドイツは教育のコペルニクス的転回を行つたと言つて居る。而して其の根本理念はかのヒトラーのマインカンプにあることは勿論であるが、之を教育学として組織したものは実に〔エルンスト・〕クリーク其の人であつて、之を実質的に徹底した人はヒトラーであり、シーラツハである。

クリークは二十年間も小学校教員の経験をもつ実際家であると同時に又国民社会主義教育の権威者でもある。彼は一九二二年にハイデルベルヒ大学の哲学科主任教授となつて教壇に立つて居たが、ナチス革命の後にはフランクフルト大学の総長に任ぜられた。彼に従へば『教育は社会形成作用』である。而して彼の茲に所謂《いわゆる》社会は国民社会であり国家社会である点から、当然彼の言の如く教育は『国家的たるべく、国家は教育的国家でなければならぬ』といふことになる。かくて彼の教育理論の実質は必然的に民族の理想、国家の境遇に立脚することになり恰《あたか》も政治学の一分野としての教育学を思はしむるものがある。また吾々日本人の立場からするも、広く教育史的研究の結果からするも、かくあるのが至当と思はれる。蓋し現象学的な教育の観察に於ては普遍的な法則を把握することが出来ようが、従来の教育学の様に其の実質に於て民族や国家を超越することなく、何処までも民族の理想や国家の境遇に即応して居るところに彼の教育学のコペルニクス的転回の妙味がある様に思はれる。即ち『血と土』による教育といふ標語の生れるのも当然であつた。

而して従来の個人主義、誤れる自由主義、世界主義、偏知主義の教育から、民族主義、国家主義、全体主義、精神主義の教育に実質的に転換させてドイツ国民錬成の実をあげた代表者はヒトラーでありシーラツハである。ヒトラーは前述の様な新しい世界観、民族信念の下に、青少年をして国家生活の新しい実践態度を確立せしめ、其の基礎の上に第一に身体を鍛へよ、第二に意志を鍛へよ、第三に国家有用の知識技能を磨けと言つた。蓋し身体の虚弱なものは如何《いか》に頭が良くても知識技能をもつて居ても、民族や国家の為にそれを十分に働かすことが出来ないばかりでなく、消極退嬰の不健全なる精神となり、不健全なる世界観に陥りがちであるからである。而して意志鍛錬を特に重視した所以《ゆえん》は、従来の教育が兎角《とかく》薄志弱行の徒を作り出した欠点を是正せんとしたもので、決断力・勇気・犠牲的精神・責任観念・実行力等其の鍛錬内容をドイツの誇とするプロシヤの軍隊に範をとつた点からも明かに窺ひ知ることが出来る。而して第三の知識技能に至つては、ドイツの境遇に於て其の運命を打開するに最も必要なるものを重視し、而《しか》も勤労奉仕や其の他の方法によつて理論と実際とを兼備させて、身についた実用的な識能としたのである。勿論民族の運命打開や理想実現に何等の関係のない様な世界主義的な装飾的教科は排除されてしまつた。此の様にして教育の実際に於ても、知育、徳育、体育といふ様な従来の序列を逆転させて体育、徳育、知育といふ新序列を生み出して、此処にもコペルニクス的な転回を行つたのである。而して之を青少年団訓練の実際に於て具現したのが、かのシーラツハであることは今更附言するまでもない。ましてや其の教育結果に至つては、ナチス政権確立後に於けるドイツの隆々たる発展と今次の世界動乱に於ける実力とが雄弁に物語つて居るので、茲に多辞を要せずして明白である。

四、我が国の国防国家

（一）昭和維新運動と国防国家への出発

我が国に於ける国防国家の建設は支那事変第三年目頃から愈々《いよいよ》本格的になり、飛躍的に其の建設が進められるやうになつた。蓋し国家総力戦にまで進化した戦争を遂行して当面の支那事変を処理するためにも、又将来に予想される多難なる国際情勢に対処して、国防を安全にし且つ積極的に国策を遂行するためにも、高度の国防国家を以て之に当る以外に最善の方策はなかつたからである。けれども此の様な運びに至るまでには、既に昭和の初から国防国家建設の潜勢力が蓄積されて来たことを見逃してはならない。即ち我が国の国防国家建設は之を思想的に観れば、昭和五年末のロンドン軍縮条約を契機として燃え上つた「さくら」会の昭和維新運動を以て其の萌芽と見るべく、其の潜勢力の一般化が輿論となり、之が支那事変と共に急速に具体化したものと見るのが至当である。

大正三年から九年にかけての世界大戦の間に、我が国は商工業の大発展をとげ、良質廉価の商品を以て広く世界市場に進出し得たが、軍事方面に於ても、戦ひ疲れた欧米諸国に比して相対的に優位に立つことになつた。然るに此の様な状態は英米仏等の金権主義諸国の戦後の政策と相容れるものではなかつた。何となればそれは贅沢極りない彼等の生活を維持するために欠くべからざる世界市場の恢復《かいふく》と彼等の誤れる優越感とに衝突するからである。果せる哉、彼等は世界大戦の惨禍にこりた人心の機微を捉へて、彼等にのみ好都合なる仮面の正義人道論、恒久平和論、軍縮論、国際聯盟至上論、帝国主義乃至軍国主義排撃論を以て世界に思想戦を展開した。否寧ろ其の思想戦の対手は日本であり、ドイツであり、イタリヤであつたのである。然るに此の思想戦の宣伝に全く酔はされたのが実に当時の我が国民であつた。蓋し従来の教育の欠陥から欧米崇拝の思想病にかゝつて居た我が国民には無理からぬことでもあつたのである。金権主義現状維持の諸国は続いて国際聯盟、軍縮条約、不戦条約、九ケ国条約等、次々に外交戦の攻勢をとり、思想戦に酔ふた我が国を外交戦で攻め落し、武力の手足を断ち切つて置いて次に経済戦の攻勢をとつて来た。即ち我が国の海外発展阻止を目的とする通商条約の一方的廃棄や関税障壁の設定が彼等の本国からその植民地に及び、更に彼等の操る準植民地的第三国の差別関税設定の謀略にまで及んだ。其の結果我が国は世界市場から閉め出しを喰《くら》つて遂に経済戦にも敗れざるを得なかつたのである。思想戦、外交戦、経済戦に於て何れも不利な立場に追ひつめられた我が国は大正の末期から昭和の初頭にかけて、次々に各種の国難に当面せざるを得なかつた。

当時既に政党政治が腐敗して政治国難とは言はれて居たが、更に外交国難を加へ、経済国難、人口国難を加へた。思想戦に敗れた所へ此の経済国難に襲はれ、加ふるにマルクス主義の潜入があつた為に、そこに思想国難時代を出現し、全く八方塞りとなつて、三千年来悠々発展を遂げて来た我が国も、此の時ばかりは光明を失ひ、恰も暗闇のどん底に蹴落された様な状態であつた。

以上の様な情勢にあつて、学者、文人、学生等の間には強い反軍反戦の思想が起つて来た。其の結果軍隊にあつては教育上非常な困難を感じ、時に幹部候補生（当時は一年志願兵）の教育には手を焼いたものであつた。又政治的には軍縮問題や現役在営年限短縮問題が現れ、軍事予算は年々削減される一方であつた。茲に軍として之等の国内情勢に対処するには、何うしても一部の将校に直接軍事関係以外の専門の研究を行はしめ、之を軍のために活用するの必要に迫られて来た。即ち昭和の初頃から陸海軍の将校を東京帝国大学に派遣して法経文等の各科に学ばしめることになり、昭和五、六年頃には数十名の現役将校が学生として毎日本郷の赤門をくぐることになつた。当時の東大には未だ美濃部憲法と上杉憲法との論争も清算し切れず、又国際聯盟至上主義者も多かつた。個人主義や自由主義の思想も瀰漫《びまん》し、右翼思想もあれば左翼思想も盛であつた。従つて派遣将校は各種の思想の荒波に揉まれたのであつたが、既に信念づけられ習慣づけられた軍人精神は微動だにせず、却つて思想的に闘へば闘ふ程熱烈なる憂国の至情が湧き出で、如何にして国難を打開し国家の光明ある進路を見出さんかといふ問題に各種の研究が統合された。山水会といふ陸海軍学生合同の研究会が生れたのも此の時であつて、各自が夫々の専門研究を持ち寄つては国難打開の綜合的研究を行つたのも屢々《しばしば》であつた。

他方陸海軍部にあつては政党政治の重圧や国民精神の弛緩に悩まされて居たのであるが、時恰もロンドン軍縮会議にからむキヤツスル事件で青年将校を極度に刺戟し、之が契機となつた「さくら」会が生れて来た。此の会も亦、国家の難関を如何にして打開するかの研究が主目的であつたので、自づから山水会との連絡が出来た。勿論民間の先覚者にも憂国の士が現れて来て、思想国難打開のための日本精神研究が起り、又其の実践運動も芽生えて来た。而して此の様な雰囲気の中に擡頭して来たのが実に我が国の国防国家建設史の発端ともいふべき昭和維新運動であつた。

当時昭和維新運動を提唱した各種団体の指導原理は必ずしも同一ではなかつたが、夫等《それら》を一貫するものは日本文化の精髄ともいふべき国体精神であつた事は明白である。即ち此の精神によつて名実共に徹底せる　皇室中心一大家族主義体制の実現を図り、之によつて国難を打開せんとしたのである。而して之がために国体明徴《めいちょう》も、強力政治の実現も、経済新体制も、大陸との提携も、軍備の充実や教育の改革も勿論考へられた。かくて此の運動は逐次発展して満洲事変を経、支那事変に当面しつゝ今回に及んで居るのであるが、我が国の国防国家建設運動の萌芽がこゝに在ることを認めるのも実は右の様な関係にあるからである。

（二）　満洲事変と国防国家

我が国が金権主義諸国の思想戦、外交戦、経済戦の重圧に苦しみ且つ大正十二年の大震火災に痛めつけられて居る間に、国際聯盟の虎の威を借り第三国の魔手に躍る抗日支那政権は、当時の我が軟弱外交につけ込んで排日侮日の思想運動を起した。之と共に支那軍民の暴行は到る処に現れて、我が対支権益は益々危険に曝され、逐次駆逐され破壊される運命になつた。而も夫《そ》れが満洲に波及するに至つては日清、日露の両戦役によつて確保した大陸経営の足場さへ喪失し、東亜諸民族の共存共栄も東洋の平和も根底から破壊されることになる。而も此の情勢は昭和五、六年頃に最高潮に達し、遂に六年九月十八日の柳条溝《ママ》事件を発火点として満洲事変が起つて了《しま》つた。

満洲事変は国難づくめの我が国にとつては更に大なる国難を加へた形であつたが、幸にも此の国難は転じて思想的な神風となつてくれた。今から回顧すれば、金権主義諸国の思想戦の害毒に酔ふて居た国民の一部からはがう〳〵たる反対論が起つたことを思ひ出される。当時の陸軍は之等の反対論を克服すべき国内思想戦を起さねばならなかつた。即ち時の陸軍大臣荒木貞夫中将（現在大将）は『我が日本軍は皇軍である。破邪顕正の剣をとり皇道宣布の聖戦を遂行するのだ』と事変の意義を端的に闡明《せんめい》した。然るに反対論者は此の皇軍といふ言葉尻を捉へて更に論争を挑んで来る様な状態であつた。一般に戦争に勝つ為には堅い必勝の信念が絶対必要である。而して必勝の信念は軍隊の訓練や装備の優越からも生れるが、思想的には其の戦争自体の道徳性から生れる。況《ま》してや世界大戦以来、仮面の正義人道思想や誤れる平和思想に酔はされて居た当時の我が国民を納得させるためには、何うしても満洲事変の道徳性を理論的にも闡明する必要があつたのである。

私は丁度《ちょうど》此の頃陸軍から東大文科に派遣されて倫理や教育を専攻中であつた。その関係で時の陸軍省新聞班の田中清大尉（現在大佐）の仲介で皇軍問題の反動を克服する小論文を書いてくれないかと頼まれた。直ちに承諾して夜なべをして之を完成した。『皇軍の倫理学的研究《ママ》』といふ論文であつたが、皇軍を倫理的に究明するには皇国を倫理的に究明する必要があり、皇国を倫理的に究明するには皇国文化の精粋ともいふべき皇道を究明せねばならなかつた。今になつて考へて見ると実に恥しい様な論文であつたが、之が小冊子となつて配布された時には相当の反響があつた。蓋し多くの国民は満洲事変といふ刺戟によつて過去の歴史を回顧すると同時に、我が国体に因む日本人的世界観を求むるに切なるものがあつたからではないかと思はれる。

昭和七年には文部省の国民精神文化研究所が創立されて、本格的に日本精神の研究に着手され、日本学の建設論さへ起つた。夫等の動きは依《よ》つて以て日本人的世界観の確立といふ方向に一つの光明を与へることになつた。要するに皇道と言ひ日本精神と言ふも、帰する所は日本人としての人生の信念を堅め、日本人としての世界観を樹立し、皇国民としての国家生活の態度を確立するための思想の糧である。此の意味に於て満洲事変は日本精神を蘇生させた思想的な神風であつたのである。之によつて欧米流の思想病の迷夢から覚醒させ、日本魂を取り戻し、其の魂によつて我が国の国防国家建設の思想的基礎を把握したことを思はゞ洵《まこと》に重大なる意義をもつ神風であつたと言はねばならない。

けれども当時は経済国難が極めて深刻であつて、満洲事変のために多くの出征兵士を出して居る農村にまで強く波及した。此の様な窮状に眩惑され且つ西洋流の思想病に多少なりとも感染しかけた農民の中には、何のための満洲事変かを疑ふものも少くなかつた。茲に於て陸軍省では農民のために満洲事変の真意義と農村問題とを関聯させて理解させることが必要になつた。丁度此の時も私は陸軍省から東大に派遣されて居た田中清大尉を介して小論文の起草を頼まれた。早速脱稿したのが『満洲事変と農村問題』といふ小論文であつた。その要点は『我が国の農村問題は結局耕地面積と人口との不調和から生れて居る。自作農を創設しても五反百姓では安定しない。何うしても相当の耕地面積をもつ自作農にせねば救はれない。然るところ満洲事変は皇道宣布の戦で、満蒙諸民族を軍閥政治下の塗炭の苦から救ひ、我が国と不可分一体、共存共栄の王道楽土を建設する聖戦である。之がためには大量の日本人が彼の地に骨を埋める覚悟で移住せねばならない。子々孫々まで根付く移民は第一に農民に求めることが必要だ。然るに満洲には開闢《かいびゃく》以来鋤鍬《すきくわ》を入れずに放置されて居る広大な沃野《よくや》がある。之を開拓することは日満両国共存共栄の本である。我が国の農民は約三千万（六百万家族）ある。其の三分の一を満洲に送れ、一家族一千円宛《ずつ》の国庫補助をしても二十億円で足りる。かくすることによつて満洲国も栄え、内地の耕地面積過少の問題も解決する。唯其の開拓民を送る方法は従来の様な自由主義的な進出に委《まか》して置いたのでは成功しない。国内各府県の農村更生計画を立案し、同し府県の過剰農民を集団して送らねばならぬ。而も之と同時に各府県の地方的文化をそのまゝ移植することが肝要だ。風俗、習慣、お国なまりからお宮もお寺も学校も同時に分駐することが必要だ。此の様にすれば気候風土が異るだけで文化的には生れ故郷の雰囲気が出来る。従つて土に根付くことが出来る。日本農民一千万が自作農として土に根付くならば、商工業其の他の日本人も大量に土に根付いて来る。之等の日本民族が満蒙諸民族を同化して行くならば、国際聯盟や金権主義諸国が如何に邪魔をしても、実質的には日満一体だ。かくして満洲事変の目的は達成せられると同時に日本の農村更生も出来る』といふ一石二鳥の案であつた。

然るに此の論文は事情があつて陸軍省から小冊子として出版することが出来ず、在郷軍人会から出版されることになつた。それが公にされたら一千万人、二十億円といふ数字に驚いたらしく、誇大妄想狂だといふ悪評さへも起つた。けれども今になつて拓務省の満洲開拓計画が此の数字に近づいたことは面白い現象である。此の論文は昭和七年当時には未だ多くの賛成者を得なかつたにせよ私は自画自讃のそしりを免れないかも知れないが、偶然にも此の考は今日の国防国家建設に於ける国土計画の一端となつて来た。従つて共存共栄の理想の下に行はれる大東亜共栄圏建設乃至広域経済の発端とも見ることが出来ると思ふ。

以上の様な雰囲気の中に、満洲事変を契機として我が国民は次第に日本魂を蘇生し、之を以て欧米思想に鋭い批判を加へ、我が国の行き詰り随《したが》つて世界の行き詰りの根本原因を把握するに至つた。茲に政府も決意する所があつて、理不尽なる世界旧秩序の拘束を断ち切り、東亜の一角から毅然として新秩序の建設に邁進することになつた。即ち大陸経営の一大国策を樹立し、我が肇国《ちょうこく》の大精神を指導原理として日満一体不可分の満洲国建設を宣言し、此の聖業を拘束する国際聯盟及び海軍々縮条約の脱退をも宣言するに至つたのである。換言すれば肇国の大精神を以て大陸経営を行ひ、東亜の一角から世界新秩序建設に邁進し、以て皇道を世界に宣布すると共に世界人類の真の正義、真の平和、真の文化を実現せんとする国策に出たのであつた。

此の様な国策、此の様な大理想はたとへ其の指導原理が倫理的に如何に優れて居るにせよ、思想戦や外交戦にのみ期待して実現し得るものではない。現状維持国や金権主義国の理不尽なる重圧を排して、此の国策を遂行するためには何うしても偉大なる綜合国力が絶対に必要である。即ち昭和八、九年頃から広義国防の充実が提唱され、国体の明徴、国民精神の作興、軍備の充実、生産力の拡充、教育の改善等が強調される様になつた所以である。換言すれば我が国の国防国家建設史は茲に第二頁に進んだのである。而して其の消息を明かにしたものが昭和九年に陸軍省新聞班から発行された『国防の本義と其の強化の提唱』といふ小冊子であつたが、これは世の中に大なる衝撃を与へ、帝国議会の問題にまでなつたので、之を貰《もら》ひに来る人々が陸軍省の門前に市をなしたといふことである。蓋し誤れる平和思想や反軍思想の病が未だ〳〵国民思想の中に多分に残つて居たからである。此の様な事情であつた為に、軍備充実や生産力拡充に要する予算の如きも、容易に議会を通過せず、従つて広義国防の充実も実質的には容易に進捗し得なかつた。昭和十一年の第七十二議会でやつと○○億円といふ予算を通過し、翌十二年度から日満を一体とする経済○

年計画、軍備充実〇年計画に着手することになつたが、十二年七月七日には不幸にして今次の支那事変が勃発して了つたのである。

(二) 支那事変と国防国家

支那事変は昭和十二年七月七日、北京郊外盧溝橋《ろこうきょう》附近に於ける抗日支那軍の挑戦によつて点火されたのであつたが、我が国は当初、不拡大、局地解決の方針で事件の処理に臨んだ。けれども其の方針では遂に解決出来なかつた。何となれば、抗日支那軍、随つて抗日蔣政権の背後には、世界の旧秩序を固守し金権による世界支配の現状を維持せんとする敵性第三国や世界赤化を企図する第三国の魔手が強く働いて居たからである。かくて此の事件は全支に拡大する支那事変となつた。そこで当時の政府第一次近衛内閣は新なる決意の下に、昭和十三年一月十六日、『帝国は爾後国民政府抗日蔣政権を対手とせず、帝国と真に提携するに足る新興支那政権の成立発展を期待し、之と両国の国交を調整して更生新支那の建設に協力せんとす』といふ声明を発して事変処理に邁進することになつたのであるが、事変一周年に際しては畏くも御勅語を賜り、更に同年十一月三日政府は東亜の新秩序建設に関する声明を発し、事変処理の方針を一層明瞭にして之を世界に宣言したのであつた。

東亜の新秩序建設に関する声明内容は今更茲に縷述《るじゅつ》する必要はないが、戦ひ乍ら新支那の建設を行ひ、日満両国と此の新支那とが政治、経済、文化其の他各般に亘《わた》つて相提携し、此の三国が枢軸となつて東亜の新秩序を建設せんとする主旨であつた。之がためには其の指導的地位に立つべき我が国にとつては、偉大なる国家総力が不可欠の条件であつたことは言ふまでもない。従つて此の声明を国防国家的な見地から観れば、日満支が有無相通じて互に不可分の関係に於て各々国防国家を建設すると共に、我が国を盟主として大東亜の広域に亙る綜合国防国家の建設を行ひ、以て大東亜の平和、随つて世界の平和を確保し、諸民族の共存共栄を図る意図が含蓄されて居たことは容易に判断出来る。

けれども此の様な雄大なる声明は、従来欧米思想に中毒し且つ金権主義諸国の重圧を蒙つて来た我が国民の一部には容易に其の真意が理解されなかつた。そこで陸軍省情報部では各種の方法をもつて其の解説、宣伝に取りかゝつた。之と同時に政府は右の様な雄大なる事変処理方針の実現のために不可欠の条件である高度の総力戦体制の整備を行はねばならなかつた。時の陸軍省情報部長佐藤賢了大佐は部内会報の席に於て『結局国防国家体制といふ所まで国力を強化せねば事変処理は出来まい』と言はれた。吾々が耳にした範囲ではこれが国防国家の語の最初である。

時は移つて第一次近衛内閣は総辞職となり、平沼内閣が組織された。陸軍でも佐藤情報部長は清水盛明大佐と交代した。けれども吾々は当時の情報部員として新任部長の方針に基いて依然国家総力戦体制の強化に関する啓発宣伝に微力を致して居た。十四年七月七日は丁度事変二周年記念日に当るので、『国家総力戦の戦士に告ぐ』といふ小冊子を発行し、百万に近い部数を全国に配布して総力戦体制の強化を宣伝した。此の小冊子こそは実に我が国の国防国家建設史の第三頁と見てよからう。平沼内閣から阿部内閣を経て米内内閣に至つても、総力戦体制の強化は依然として代々の内閣の重要政策であつた。けれどもその実質的向上はなか〳〵一朝一夕の仕事ではなかつた。陸軍省の情報部長も清水大佐から松村秀逸大佐に代つたが、やはり啓発宣伝の重点はそこにあつた。昭和十四年の十二月末に、松村大佐は『来年の啓発宣伝の重点は何うしても国防国家の建設に置かねばならぬ』と言はれた。私は命を受けて其の宣伝小冊子の起案にかゝつた。そして十五年一月早々約一週間ばかりで『国防国家建設の提唱』といふ論文が出来上がつた。直ちに省内各方面の意見をとつて第七十五議会中に之を公にする予定であつたが、此の論文の発表は都合により取り止めとなつた。けれども講演や其の他の方法では盛んに国防国家建設の宣伝は行はれた。

之より先、昭和十四年秋頃から第二次欧洲大戦がいよ〳〵本格的に展開した。ドイツの電撃作戦は素晴しい成果をあげ、世界の人々の予想を裏切つてドイツ、イタリヤ側の勝利、イギリス、フランス側の敗北が益々確実らしくなつて来る。其の勝因が正しくドイツ、イタリヤ側の国防国家体制にあることを我が国の識者も認める様になつた。而して此の実物教訓は我が国民に強烈な刺戟となつた。而もドイツの電撃作戦は益々進捗して国際情勢は激変する。我が国でも十五年の七月上旬に米内内閣が倒れて同月下旬には第二次近衛内閣が生れた。新陸軍大臣東条中将の提唱した『高度国防国家の建設』は新内閣の政策の重点として取りあげられた。即ち人と物と文化の一大綜合力発揮を目的とする新体制の確立が第二次近衛内閣の政策重点となり、之によつて我が国の国防国家建設は実質的にも大飛躍を遂げることになつたのである。かくて我が国の国防国家建設史は第四頁に入つた訳であるが、先に起案した『国防国家建設の提唱』といふ論文も漸《ようや》く其の発表を許された。けれども其の論文は知識層を対象として檄文口調に出来て居たので、陸軍省嘱託の大熊武雄、阿部仁三両君によつて大衆的に書き直してもらつた。昭和十六年の一月に朝日新聞社から出版された『世界再建と国防国の建設』といふ単行本がそれである。其の後国防国家論は続いて研究され、益々解り易くなつたものが単行本や雑誌、新聞等で発表されたので、夫等が普及して今日では全国民の常識となつて了つた。之と共に第二次近衛内閣以来、国防国家体制は実質的にも一大飛躍を遂げた。建設の渦中に投じて焦つて居ると遅々として捗らぬ様に感ずるが、横から見ると一大飛躍である。支那事変前と今日の変化した姿とを比較すると、軍備の充実や生産力の拡充は勿論のこと、政党の解消、国民組織、経済新体制、言論出版の新体制、教育の改善等に至るまで、僅か四年間に隔世の感がある。けれども之を一層高度化し、其の総力によつて大東亜共栄圏を建設し、以て東亜の安定を確保すると共に世界の新秩序建設を推進せんがためには前途尚遼遠であり、一億一心鉄の団結を以て行く手の難関を突破せねばならない。

以上は大正の末期から昭和の初頭にかけての国難時代から現在に及ぶ我が国の国防国家建設史の概要であるが、それは私一個人の記憶を迹《たど》りつゝ記述したもので、寧ろ陸軍省中心の動きに過ぎない。勿論言論取締の関係上其の発表にも限度がある。従つて他の各省乃至民間の方面にも一層価値ある資料がある筈である。けれども以上の資料によつて我が国の国防国家建設は、其の名称は兎に角、思想的には決して支那事変から始つたものでないことが分る。元来国防国家体制は政治的には一元的な強力政治国家であり、経済的には合理的に統制された産業国家であり、文化的には理想的な教育国家、道徳国家であるが、之を軍事的に観れば、国家総力戦の戦争形態に応ずる不可欠の国防体制である。従つて前世界大戦に於て戦争が国家総力戦に進化した以上、其の時から当然国家の採らねばならぬ新体制であつたのである。又一度進化した戦争は更に進化するにしても退化せざる歴史的教訓に照すならば、国防国家は永続的のもので而も進化的のものでなければならない。けれども国防国家は特定の統治権下に人と物と文化とによつて建設されるもので、其の建設過程に於ける本質的なものが国民の思想維新である限り、一朝一夕には完成し得ない。即ち我が国の国防国家も之を高度のものに完成するには、少くとも教育の一時代約三十年を要する所以である。

五、思想維新と皇国民の錬成

前述の様に昭和五年頃から一部の国民運動として既に発足されて居た国防国家建設が、十余年に亙つても容易に実質的に進捗し得なかつたのは、ドイツ等と異り、我が国が地理的関係に恵まれ、接壌《せつじょう》の強国から直接国防の脅威を受けなかつたことが確かに一つの原因である。けれども特に其の重要な原因は建設の方法が教育の方面から計画的に国防国家を担ふに相応しき国民の陶冶に進まなかつたために、過去に於て感染した反国防国家的欧米思想を一掃しきれず、此の思想によつて建設が妨げられて居たからである。支那事変中の如何なる内閣も、国家総力戦体制の強化を対内政策の重点としなかつたものはなかつたにも拘らず、何れも短命で第一次近衛、平沼、阿部、米内、第二次近衛、第三次近衛と六回も代らなければならなかつた事実を見ても、如何に国内革新に摩擦が大きかつたかゞ分る。而して其の根本をなすものは結局世界観の相違であり、国家生活に対する信念や実践態度の相違である。従つてこれは合理的に計画され、有効適切に運営される教育によつてのみ解決さるべき問題である。

然らば我が国の国防国家建設に於て根本をなすものは何であるか。それは言ふ迄《まで》もなく世界無比の国体とその三千年来の歴史的発展とに不可分の関係に於て樹立せられる皇国民としての世界観（人生観）であり、皇国民としての信念であり、皇国民たる国家生活の実践態度である。此の世界観あり、信念あり、実践態度あつて始めて国防国家に有用なる学術の研鑽も、心身の鍛錬も、職域奉公も臣道実践も極めて積極的になり、喜んで国防国家的統制にも服従することが出来る。即ち此の世界観や信念は本質的には我が国体に淵源するものであるから、仏教や儒教に求めたものでもなく、又基督《キリスト》教や西洋哲学に求めたものでもなく、況してやマルクスの唯物史観から導いたものでもない。故に我が国の国防国家建設は、無形の側から観れば国体精神への還元であり、思想維新である。唯我が国は三千年来の歴史的発展の間に於て、広く世界的に東西の文化から営養を摂取し、国体精神を生命として之等の文化を同化し来つたのであるから、国防国家の建設に当つては文化の現段階に即応すると共に、外来文化の中毒症状を癒し、反国防国家的思想病を駆逐して本質的な国体精神の生命力を強く実現することが肝要である。而して先に述べた昭和維新運動は之を思想的に観れば、正しく此の国体精神の復活運動であつて、国家内外の至難なる情勢に当面して明治維新の生新しき歴史的事実に刺戟されて起つたものである。而して其の目ざす所は国難打開のための思想維新であり、革新であり、強力国家の建設であつた。それは勿論先覚者達の非公式の運動であつたが、続いて満洲事変と共に特に高調された国体明徴に至つては最早や政府によつて本格的に取り上げられた政策であつて、国防国家建設の生命をなす国体精神復活運動と見てよからう。但しその政策実現の方法に至つては、遺憾乍ら教育其の他の方面に於て、実行力を強化するに足る有効適切な方法が用ひられなかつたのである。従つて反国防国家的な欧米思想からの脱却や国体精神への復帰の如きは、教育によつて計画的に為されたといふよりも、寧ろ各自の自覚に委せ自己修養に委せて為されたのである。此の点が特にドイツの国防国家建設のための教育とは全く異る点である。けれども幸にも我が国は右の様な尊き国体と歴史とをもち、而も明治維新の大業を翼賛し奉つた生新しき経験をもつが故に、有効適切な教育が行はれなくとも、国際関係の重圧や各種の国難に悩む間に、自づから国民の間に革新の輿論が起り、新体制の確立も逐次進んで、国防国家の現段階に到達することが出来たのである。支那事変の当初、敵性諸国は我が国力就中経済力を半年か一年しか保つまいと見て居たのであるが、全く之を裏切つて今は満四年以上を経過し、今後何年でも来いといふ様な国力になつて来たのは、右の様に逐次国防国家への段階を上つて来たからである。これは洵に世界無比の国体の賜であつて、同時に日本国民の誇でもあることを忘れてはならない。然し乍ら戦ひつゝ新支那を育成し更に大東亜共栄圏を建設して世界維新の一翼を担つて行くためには、我が国の国防国家は一層高度化されねばならぬ。然るに過去七十年もの長い間にじり〳〵と浸み込んだ反国防国家的な欧米思想の病毒は容易に清掃し切れない根強さをもつて居る。特に其の思想の病膏肓《こうこう》に達した人々に至つては容易に治療出来ない。新体制の確立に当つて、各方面から人物不足の声を耳にするのも、実は国民一部の自己修養に委せて置いて、計画的な教育によつて新思想の指導者を養成しなかつたからである。

以上の様に考察して来ると、我が国の国防国家の現段階は国家のもつ宏大なる理想に比すれば未だ遠い道程にある。然らば之を速《すみや》かに強化し高度化するには如何にすればよいか。それは現に作られた新体制即ち国防国家に筋金を入れゝばよい。而して其の筋金は皇国民の徹底的訓練といふ冶金術によつて得られる。人材就中有為の指導者を大量に養成する計画的教育以外に手はない。教育から行くのは遅い様で実は速い。我等は満洲事変当初に教育改革を高唱したのであつたが、あの時直ちに徹底的な改善を断行し、強力な教育体制によつて皇国民を錬成して居たら今頃は沢山の指導者が出来て居た筈だ。何となればあの時の小学生は今や前線でも銃後でも働き盛りであり、あの時の中学生や大学生は何れも世の指導的地位に就いて居るからである。

茲に於て、教育当局も其の他の官民識者も、共に深く反省する所があつて、第二次近衛内閣の新体制の一翼として教育改革が断行された。即ち皇国民の錬成を目的とする国民学校制や青年学校制の実現、之と表裏一体となつて鍛錬主義教育を徹底せんとする青少年団の一元化、中等学校以上に対する報国団の結成等がそれである、けれども組織や制度だけでは用をなさない。団体の組織をつくり機関雑誌でも読まして置いて一時の気休めをやつて居る様な態度は根本から打破してかゝらねば、知行合一、文武兼備の鍛錬主義教育は出来ない。これなくては皇国民としての信念も固まらず、徳も知も身に著《つ》かない。況してや忠君愛国の至誠より出でゝ旺盛なる犠牲的精神と熱烈なる責任観念とによつて任務のために如何なる困苦欠乏をも克服する様な精神力、体力、実行力は生れて来ない。

一体、皇国民とは如何なる資質をもつ国民であらうか。それは言ふまでもなく皇国臣民としての世界観、信念、実践態度をもち、其の確固不動の基礎の上に国是実現、国策の遂行に奉仕し得る強壮なる体力と不屈不撓臣道を実践して已まざる精神力と国家有用の識能就中職域奉公を完うし得る識能とを兼備するものでなければならない。従つて反国防国家的な思想の伝染病から被教育者を擁護しつゝ此の様な皇国民を錬成せんがためには、先づ以て学校教育者や青少年団、報国団等の指導者自ら反省し、自ら思想維新を断行する必要がある。即ち制度を活用し組織を活用して皇国民錬成の実を挙げ得ると否とは一に教育者や指導者の反省と努力の如何に繫がり、同時に為政者の適切なる人事運営に係るものと信ずる次第である。

終りに臨み、恩師吉田静致博士古稀の御祝に当り、敢て此の拙文を膝下に奉呈する所以は他なし、昭和六年初夏の候、靖国の社前偕行社に於て、本文にあげたる『さくら』会の面々に対し、恩師博士が特殊即普遍の原理を説いて、我が国策樹立の倫理的基礎を示唆されたる記憶を呼び起さんとする意図に出たものである。蓋し満洲事変と共に確立されたる我が国策は今次の支那事変と共に発展して東亜の新秩序建設となり、更に大東亜共栄圏の確立となつたが、其の思想は古今に通じて謬《あやま》らず中外に施して悖らざる倫理性を持つものであり、かゝる国策樹立の蔭の功労者として第一に我が恩師吉田先生を挙げねばならぬからである。唯之を本文の中に具体的に記述するの自由を得ざるは返す〴〵も残念の極みである。

（完）

昭和十六年十月九日、於世田谷

資料編

鈴木庫三年譜

一八九四年（明治二七年）　0歳　一月一一日生。本籍地は茨城県真壁郡明野町大字鷺島。豪農、鈴木利三郎の六男四女第七子。

一八九五年（明治二八年）　1歳　筑波郡田水山村大字田中の農家、大里菊平の養嗣子となる。

一九〇一年（明治三四年）　7歳　田水山尋常小学校に入学。

一九〇六年（明治三九年）　12歳　三月、田水山尋常小学校を総代として卒業。四月、北条高等小学校に入学。

一九〇八年（明治四一年）　14歳　三月、北条高等小学校を学級内二番の成績で卒業。養家の農業を手伝いながら、帝国模範中学会で独学。

一九一〇年（明治四三年）　16歳　養父母に内密に師範学校を受験し、口頭試験まで残る。

一九一三年（大正二年）　19歳　二月、砲兵工科学校に願書提出。一二月、同校入学。

一九一四年（大正三年）　20歳　士官学校の受験を目指して猛勉強。梅地慎三先生に数学を習い、英独学館で英語を学ぶ。
一九一五年（大正四年）　21歳一一月、砲兵工科学校（一九四〇年に陸軍兵器学校と改称）銃工科を成績一〇位で卒業。砲兵三等銃工長として青森の歩兵第五連隊に赴任。一二月、盛岡の騎兵第二四連隊に転任。

一九一六年（大正五年）　22歳
七月、陸軍士官学校を受験するも不合格。一一月、砲兵二等銃工長に昇進。

一九一七年（大正六年）　23歳
七月、陸軍士官学校の二回目の受験も不合格。

一九一八年（大正七年）　24歳
七月、陸軍士官学校に合格、二二〇名中一一五位。八月、砲兵二等銃工長として大阪砲兵工廠付に転任。「思出記」を執筆。一〇月、士官学校は輜重兵科に分属される。一二月、第三三期士官候補生として輜重兵第一大隊付となる。

一九一九年（大正八年）　25歳
一二月、市谷台の陸軍士官学校に入学。第七中隊第五区隊、支那語第二班に分属。

一九二一年（大正一〇年）　27歳
七月、陸軍士官学校を六九位、輜重兵科三位で卒業。一〇月、輜重兵少尉に任官、輜重兵第一大隊第三中隊付、輸卒教官となる。

一九二二年（大正一一年）　28歳
八月、「山梨軍縮」により第三中隊が解散。一〇月、陸軍砲工学校（一九四一年に陸軍科学学校と改称）の入学が認められる。

一九二三年（大正一二年）　29歳

一月、陸軍砲工学校普通科聴講生となる。一月七日、松下きゐ子と結婚。四月、日本大学法文学部予科に合格。一二月、陸軍砲工学校高等科聴講生となる。

一九二四年（大正一三年）　30歳

五月、長女昌子誕生。七月、世田谷町代田の借家へ転居。一〇月、輜重兵中尉に昇進。輜重兵第一大隊下士候補者中隊付。一二月、砲工学校高等科修了。

一九二五年（大正一四年）　31歳

五月、日本大学文学部倫理教育学専攻に進学。

一九二六年（大正一五年＝昭和元年）　32歳

三月、陸軍自動車学校練習隊付兼教官に転任。八月、次女直子誕生。世田谷町豪徳寺前の借家に転居。九月、日本大学文学部倫理教育学科・学生委員に就任。一〇月～一一月、陸軍大学校の参謀旅行演習に参加（関西から九州を巡る）。

一九二七年（昭和二年）　33歳

一月、大正天皇大喪儀の車馬係を拝命。七月、実父・利三郎死去。一一月、三女道子誕生。日本大学の卒業論文「建軍の本義」を執筆。

一九二八年（昭和三年）　34歳

五月、日本大学文学部を首席卒業。九月～一〇月、特別大演習で東北地方に出張。一一月、昭和御大典の警備司令部要員となる。一二月、日本大学文学部倫理教育学研究室の助手に就任。

一九二九年（昭和四年）　35歳
五月、日本大学大学院に進学。八月、陸軍自動車学校研究部主事兼教官に就任。

一九三〇年（昭和五年）　36歳
二月、正七位に叙勲。四月、東京帝国大学文学部陸軍派遣学生となる。八月、三女道子死去。一一月、長男哲夫誕生。

一九三一年（昭和六年）　37歳
三月、輜重兵大尉に昇進、兵器本廠付となる。一二月、日本大学助手を辞任。

一九三二年（昭和七年）　38歳
五月、勲六等瑞宝章を受章、世田谷四丁目に自宅を構える。九月、大学院論文「国家生活の倫理学的研究」完成。一二月、「国家生活の倫理学的研究」を陸軍省に提出。

一九三三年（昭和八年）　39歳
三月、東京大学文学部卒業。輜重兵第一大隊付。八月、同大隊下士官候補者隊長。一〇月、陸軍自動車学校教官兼任。

一九三四年（昭和九年）　40歳
一二月、陸軍自動車学校練習隊付、兼同校教官、兼同校研究部員。

一九三五（昭和一〇年）　41歳
六月、教育資料蒐集のため輜重兵第四大隊（大阪）、同第一六大隊（京都）に出張。

一九三六（昭和一一年）　42歳
二月、千葉県北部で自動車学校甲種学生第二次部隊を教練。二・二六事件では自動車部隊による警備部隊輸送を担当、事件後の詳報編纂委員となる。五月、陸軍講道学校設立を陸軍省に意見具申。

一九三七年（昭和一二年）　43歳　七月、日中戦争勃発により東京整備委員として兵器本廠で民間自動車徴用計画などを担当。八月、輜重兵少佐に昇任。

一九三八年（昭和一三年）　44歳　八月、技術本部付兼軍務局兼務仰付、陸軍省新聞班員、大本営報道部付となる。九月、新聞班は陸軍省情報部に改組、同部員として雑誌指導を担当。

一九三九年（昭和一四年）　45歳　五月～六月、早稲田大学東亜専攻科講師。六月～七月、北支・蒙疆・満洲に出張。

一九四〇年（昭和一五年）　46歳　四月、中野学校教官を兼任。五月、新聞雑誌用紙統制委員会幹事に就任。九月、日本出版文化協会設立準備委員会委員を兼任。九月七日、日本放送協会より「国防国家の話」全国中継放送（ラジオ初出演）。一〇月、日本出版配給株式会社創立委員会委員を兼任。一二月、情報局第二部第二課に勤務（軍務局御用掛）。

一九四一年（昭和一六年）　47歳　三月、中佐に昇進。三月中旬から約三週間、中国大陸での新聞出版状況を視察のため南京、上海に出張。

一九四二年（昭和一七年）　48歳　四月、情報局より陸軍輜重学校付に転出。八月、満洲国ハイラルの輜重兵第二三連隊長に転任。正六位旭日章四等を受章。

一九四三年（昭和一八年）　49歳　九月、熊本の輜重兵第四六連隊長に転任。一一月、輜重兵

一九四四年（昭和一九年）　50歳　第六連隊補充隊長に異動。

一九四五年（昭和二〇年）　51歳　三月、鹿児島の第一四六師団輜重隊長に転任。

一九四六年（昭和二一年）　52歳　六月、大佐に昇進。一二月、復員して東京の自宅に戻る。

一九五二年（昭和二七年）　58歳　二月、熊本県菊池郡旭野村伊萩に移住し、農業に従事。

一九五三年（昭和二八年）　59歳　一月、熊本県菊池郡大津町に転居。四月、講和条約発効にともない公職追放解除。

一九五四年（昭和二九年）　60歳　五月、大津町公民館長に就任。『大津弘報』を編集・発行。

一九六一年（昭和三六年）　67歳　三月九日、合志義塾の開校式にて脳梗塞で倒れる。

一九六四年（昭和三九年）　70歳　五月二日、ＮＨＫ総合テレビ「歴史の証言―言論の自由と責任」のインタビューに登場。

四月一五日、熊本県菊池郡大津町にて没。世田谷区豪徳寺境内に永眠。戒名は文武院憂国庫岳居士。

①昭和四年四月六日―同九月五日
②昭和四年九月七日―同五年二月一六日
③昭和五年四月五日―同七月二十日
④昭和五年九月一日―同六年一月三十一日

1931年　日本大学大学院提出論文「国家生活の倫理学的研究」（一九三一年九月完成）
東京帝国大学文学部倫理学講座・吉田静致教授、深作安文教授「序文」
第二篇「国家の倫理的基礎」
第三篇「国家生活に於ける人格の開展」
第四篇「国民の道徳生活」
第五篇「真の愛国主義」
附録「皇軍の倫理的研究」（陸軍省『調査彙報 号外』1932年8月）

1934年　「精神訓話（鈴木大尉）」（第十一回―第二十一回）自動車学校時代

1935年　「昭和十年八月三十日　校長訓示ノ要旨」（ガリ版）

＊日記など未公刊史料の詳細については、佐藤卓己「鈴木庫三」、伊藤隆・季武嘉也編『近現代日本人物史料情報辞典 2』吉川弘文館、二〇〇五年、一二五～一二七頁を参照されたい。

旭野村時代
『鈴木家　日誌（其二）昭和二十三年八月十一日—十二月三十一日』
旭野村時代
1949年 『鈴木家　日誌（其一）昭和二十四年一月一日—二月二十八日』
旭野村時代
『鈴木家　日誌（其二）昭和二十四年三月一日—七月三十一日』
旭野村時代
『鈴木家　日記　其の三　昭和二十四年八月一日—十二月三十一日』
旭野村時代
1950年 『鈴木家　日記　其の一　昭和25年1月1日—5月12日』
旭野村時代
＊『其の二』(昭和25年5月13日から10月16日) が欠落
1951年 『鈴木家　日記　其の三　昭和25年10月17日—昭和26年2月10日』
旭野村時代
『鈴木家　日記　其一　昭和26年2月11日—5月31日』旭野村時代
1952年 『昭和26年　鈴木家　日記　其二　昭和26年6月1日—昭和27年2月29日』旭野村／大津町時代
『昭和27年　鈴木家日記　昭和27年3月1日—12月8日』
大津町時代
1953年 『昭和27・28年　鈴木家日記　昭和27年3月1日—昭和28年5月2日』大津町時代
『昭和28年　鈴木家日記　昭和28年5月3日—10月15日』
大津町時代
1954年 『昭和28・29年　鈴木家日記　昭和28年10月10日—昭和29年3月4日』大津町時代

その他の未公刊資料

1918年 「思出記　前編第一巻」「思出記　前編第二巻」およびタイトルなしの草稿ノート
1927年 日本大学卒業論文「人格と道徳生活」(一九二七年一〇月完成)
1929年 「素質検査ノ概要」(手稿)
1929—31年 『(大学院) 特殊演習日誌』

1936年 『鈴木家　日記　昭和十一年一月一日―十二月三十一日』
自動車学校教官
1937年 『鈴木家　日誌　昭和十二年一月一日―十二月三十一日』
自動車学校教官
1938年 『鈴木家　日記　昭和十三年一月一日―十二月三十一日』
陸軍新聞班
1939年 『鈴木家　日記　昭和十四年一月一日―十二月三十一日』
陸軍情報部
『北支、蒙疆、満洲　旅行日記　昭和十四年六月二十九日―七月二十八日』陸軍情報部
1940年 『昭和十五年当用日記（博文館）』情報官
『文藝手帳1940（文藝春秋社）』情報官
1941年 『昭和十六年手帳（日本手帳株式会社）』情報官
昭和十六年　日記欠落*
1942年 昭和十七年　日記欠落*
＊この二年間の日記が欠落している理由は不明
1943年 『昭和十八年当用日記　一月一日―十二月三十一日』
輜重兵第二三連隊長
1944年 昭和十九年　日記焼却*
1945年 昭和二十年　日記焼却*
＊一九四六年一月一日の記述「ポツダム宣言受諾の結果、日本本土に聯合軍が進駐し、武装解除を受けるといふので、十七日以降師団命令で重要書類は勿論、地図、私物書籍、手帳の類まで焼却を命ぜられた。これがために最も記念すべき昭和二十年の日誌と昭和十八年〔十九年の誤記〕の日誌とを焼き棄てた。」
1946年 『（表記なし　ノート）　昭和二十一年一月一日―九月二日』
旭野村時代*
＊一月一日の項に昭和二十年八月十五日以降の記録がメモされている。昭和二十一年九月三日以降の日記が欠落
1947年 『鈴木家　日誌（其一）昭和二十二年一月一日―八月九日』
旭野村時代*
＊（其二）が欠落
1948年 『鈴木家　日誌（其一）昭和二十三年一月一日―八月十日』

『鈴木庫三日誌　第四号　大正九年九月二十九日―大正十年二月二十一日』輜重兵生徒

『大正九年懐中日記（共同出版社）』

1921年　『鈴木庫三日誌　第五号　大正十年二月二十二日―五月二十六日』輜重兵生徒

『鈴木庫三日誌　大正十年五月二十八日―八月三十一日』輜重兵生徒

『鈴木庫三日誌　大正十年九月一日―十一月二十日』輜重兵第一大隊付見習士官

1922年　『大正十一年当用日記（博文館）』

1923年　『大正十二年当用日記（大倉書店）』

1924年　『鈴木庫三日誌　大正十三年七月八日―昭和十三年十二月三十一日』砲工学校

1925年　『鈴木庫三日誌　大正十四年一月一日―昭和十五年七月七日』砲工学校

1926年　『鈴木庫三日誌　大正十五年七月八日―昭和二年五月三十一日』自動車学校練習隊付

1927年　『鈴木　日誌　昭和二年六月一日―昭和三年七月三十一日』自動車学校練習隊付

1928年　『鈴木庫三日誌　昭和三年八月一日―昭和四年四月三十日』自動車学校研究部主事

1929年　『鈴木庫三日誌　昭和四年五月一日―昭和五年四月二十日』自動車学校研究部主事

1930年　『鈴木庫三日誌　昭和五年四月二十一日―昭和六年三月三十一日』東京大学陸軍派遣学生

1931年　『鈴木庫三日誌　昭和六年四月一日―十二月三十一日』東京大学陸軍派遣学生

1932年　『鈴木庫三日誌　昭和七年一月一日―十二月三十一日』

1933年　『鈴木庫三日誌　昭和八年一月一日―十二月三十一日』

1934年　『鈴木庫三日誌　昭和九年一月一日―十二月三十一日』自動車学校教官

1935年　『鈴木庫三日誌　昭和十年一月一日―十二月三十一日』自動車学校教官

■1943年（昭和18年）

「国防国家と思想」『吉田博士古稀祝賀記念論文集』寶文館

■1953年（昭和28年）

「就任の御あいさつ」『大津弘報』6月号

「町づくり村づくり」9回連載『大津弘報』6月号～1954年2月号（①「他山の石」、②「村か家か人か何れが先か」、③「青年の使命」、④「城東連合青年団の発足に寄せて」、⑤「建設ということ」、⑥「大津地区組合立青年学級設立について」、⑦「百年の大計」、⑧「営農座談会」、⑨「酪農座談会」）

「通俗哲学」6回連載『大津弘報』8月号～1954年2月号（①「働くために食うのか　食うために働くのか？」、②「何のために働くか？」、③「民族の個性」、④「民族の個性（続き）」、⑤「人間の幸福」、⑥「人間の幸福（続き）」）

未公刊文書＝日記類

1914年　『大正三年懐中日記（博文館）』陸軍砲兵工科学校

1917年　『大正六年修養日記（修養会）』騎兵第24連隊

1918年　『New English Diary 1918（研究社）』
『鈴木庫三日誌　大正七年十二月一日—大正八年二月二十八日』士官候補生

1919年　『大正八年懐中ノート（実業之日本社）』
『鈴木庫三日誌　大正八年三月一日—七月三十一日』士官候補生
『鈴木庫三日誌　大正八年八月一日—十一月三十日』士官候補生
『Standard Pocket Diary 1919（ジャパンタイムス学生号出版所）』Jan.1-Nov.3
『鈴木庫三日誌　第一号　大正八年十二月一日—大正九年三月五日』輜重兵生徒

1920年　『鈴木庫三日誌　第二号　大正九年三月六日—六月二十四日』輜重兵生徒
『鈴木庫三日誌　第三号　大正九年六月二十五日—九月二十八日』輜重兵生徒

「新しい国民生活」『生活科学』１月号
「国防国家と皇国民錬成」『日本教育』１月号
「世界観の転換期に立つ日本学生」『新若人』１月号
「新しい生活の建設」『主婦之友』１月号
「生活転換期に立つ日本婦人」『婦人日本』（東京日日新聞社）１月号
「何故大東亜戦争は起こつたか　暴戻英米の野望を発く」『婦人倶楽部』２月号
「特別講座　大東亜戦争と国防国家の建設」『初二国民教育』『高二国民教育』２月号
「大東亜戦争と国民の覚悟」『家の光』２月号
「興亜の聖業と家庭教育」『主婦之友』２月号
「大東亜戦争と青年の心構へ」『新若人』２月号
「世界史の転換にあたりて」『新武道』２月号
「輝く戦果と新生活の建設――米英の贅沢生活を追放せよ」『食養』２月号
「大東亜戦争に動員された日本婦人」『主婦之友』３月号
「日本婦人の道場」『主婦之友』４月号
「軍人に感謝いたしませう」『少女の友』４月号
「大東亜戦争と国民教育」『放送』４月号
「大東亜共栄圏建設と人口問題」『主婦之友』５月号
「皇国民錬成と軍隊教育」『日本教育』５月号
「特集・軍人教育について　軍隊教育の特色」『新武道』５月号
「世界新秩序確立の聖戦と一億の決意」『機械化』５月号
「高度国防国家の建設と皇国民の錬成」『向上』５月号
「日本少女の美しさ」『少女の友』５月号
「教養の頁　大東亜戦争はいつまで続くか」『新女苑』５月号
「すべてを戦のために」『主婦之友』６月号
「言論の国防体制に就て」『出版文化』７月号
鈴木庫三／竹本孫一／谷口吉彦／赤松要／大串兎代夫／木村介次／帆足計ほか「大東亜戦下の経済国策を語る座談会」『エコノミスト』１月上旬号
鈴木庫三／大平秀雄／堀田正明／景山誠一／柏原兵太郎／美濃部洋次／迫水久常／下中彌三郎／中山正男「大東亜国防国家建設の構想を語る座談会」『陸軍画報』３月号

鈴木庫三／高瀬五郎／長屋喜一／宇野喜代之介／栗原美能留／雨谷菊夫／菅井準一／赤尾好夫「転換期に於ける学徒の使命並に役割（座談会）」『新若人』３月号

鈴木庫三／伊藤裕時／戸谷仁太郎／平井岐代子／福澤勝／松井永孝／三原智津子／鐙田研一「国防国家と職域奉公　問答会」『日の出』３月号

鈴木庫三／穂積七郎／中島健蔵／秋澤修二／安達巌／木下半治／赤尾好夫「少壮評論家座談会　日本革新の方向と学徒の動向」『新若人』４月号

鈴木庫三／津久井龍雄／加田哲二／春山行夫／菅井準一「出版文化を語る座談会」『日本評論』４月号

鈴木庫三／井上勇／濱田常二良／大屋久寿雄／甲斐静馬／小寺巖／赤尾好夫「新帰朝ジャーナリスト座談会　戦時下欧州の青年学徒を語る」『新若人』５月号

鈴木庫三／岡本銑一郎／根津知好／松本正雄／阿部知二／清水照男／弘田親輔／赤尾好夫「少壮実社会人座談会」『新若人』６月号

鈴木庫三／関寛之／御堀伝造／間狩信義／倉永菊千代「誉れの遺児の導き方相談会」『婦人倶楽部』６月号

鈴木庫三／阿部仁三／熊埜御堂定／伏見猛彌／木内キヤウ／阪本一郎「国民学校と家庭教育の座談会」『婦人倶楽部』７月号

鈴木庫三／中河与一／前田隆一／伏見猛彌／寺田彌吉／阿部仁三／木村毅／赤尾好夫「新しき文化と教養について　座談会」『新若人』７月号

木村毅「事変四周年記念日を迎へて──鈴木陸軍中佐にお話を聞く　上」『少年倶楽部』７月号

木村毅「国防国家と皆さんの心がまへ──鈴木陸軍中佐にお話を聞く　下」『少年倶楽部』８月号

鈴木庫三／羽生隆／上泉秀信／長屋喜一／野間海造／丸山義二／阿部仁三／佐藤得二／杉山平助／赤尾好夫「学徒青年と娯楽の問題　座談会」『新若人』９月号

鈴木庫三／井澤弘／西谷彌兵衛／匝瑳胤次／藤田実彦／岸偉一／赤尾好夫「世界はどう動くか　座談会」『新若人』12月号

■1942年（昭和17年）

八幡良一共著『我等は日本少年』新潮社

「思想戦と出版新体制」『宇宙』１月号

「国防国家と人口問題」『新若人』５月号
「産業戦士は何うすればよいか」『冨士』５月号
「新進作家に望む」『講談倶楽部』５月号
「支那事変と国防国家」『文藝春秋』７月号
「国防国家と教育」『日本評論』７月号
「日本出版文化の新体制」『日本教育』７月号
「国家総力戦と武道」『新武道』７月号
「国防国家と文化」一〜三『美術文化新聞』８月17・24・31日
「文化의 自由와 國防國家」『三千里』９月号
「出版の国防体制」『東京堂月報』９月号
「国防国家のお陰——皇国民たるの自覚をもて」『日の出』９月号
「之からの見方考へ方」『キング』10月号
「国防国家と思想」『新若人』10月号
「日本魂の蘇生」『講談倶楽部』10月号
「軍人精神講座」第１講〜第12講『大日本青年』(大阪毎日新聞社) 11月１日号〜1942年４月15日号
「国民精神へ還れ」『サンデー毎日』11月９日号
「出版新体制と良書推薦」『講演』第525号
「国防国家に対する誤解と其の本義」『講演』(東京講演会) 第528号
「出版新体制と良書推薦」『国策放送』12月号
「日本婦人の生活——女性と美」『主婦之友』12月号
「思想戦と国防体制——特に出版文化のために」『現代』12月号
「国民戦と軍人精神」『講談倶楽部』12月号
鈴木庫三／石濱知行／稲村隆一／亀井貫一郎／和田傳「国防国家と国民生活を語る座談会」『冨士』１月号
鈴木庫三／H・ショメル／W・ダニエル／A・モンデイーニ／J・ストラミジョーリ／志鶴一衛／弘田親輔／赤尾好夫「日独伊学生座談会」『新若人』１月号
鈴木庫三／西原龍夫／赤尾好夫／佐藤清作／高明〔東大〕中山立平・佐藤正二・江理中〔早大〕樋口弘其・王龍友・郭慶復〔明大〕趙蘊東〔日大〕李公汗「日満支学生座談会」『新若人』２月号
鈴木少佐／大熊大佐／高瀬中佐／岸田文化部長／田代情報官「文化新体制対談会」『戦線文庫』３月特別号

人』9月号

鈴木庫三／今井善四郎／新居格／吉田賢抗／田代格／成瀬正勝／南波恕一／浦本政三郎／宇野哲人／小和田武紀／赤尾好夫「学徒の動向を語る（座談会）」『新若人』10月号

鈴木庫三／金子しげり／深尾須磨子／宮本百合子／桜木俊晃「新体制を語る座談会」『婦人朝日』10月号

鈴木庫三／大西斎／大宅由耿／華方伯／譚覚真／野田清武／佐々木勝三郎／広田洋二／関根郡平／赤尾好夫「大東亜共栄圏と青年学徒の使命を語る座談会」『新若人』11月号

鈴木庫三／大浜英子／瀧川総子／壺井栄／坂本順子「国防国家建設と主婦の責任を語る座談会」『主婦之友』12月号

鈴木庫三／志水義暲／赤尾好夫〔東大〕櫻井恒次・大木孝〔東京商大〕早川康正〔東京文理〕関良一〔早大〕樋口弘其〔慶大〕長谷川英夫〔一高〕志村一夫〔東京師〕竹本数夫〔東京外〕楢原淳平〔東京芸〕甲田太作「学生の新体制を語る座談会」『新若人』12月号

■1941年（昭和16年）

『国防国家と青年の進路』大日本雄弁会講談社

『家庭国防国家問答』主婦之友社

鈴木庫三・秋山邦雄・黒田千吉郎・荒城季夫「国防国家と美術――画家は何をなすべきか（座談会）」『みづゑ』1月号

「国防国家講座」第1講～第19講『大日本青年』（大阪毎日新聞社）1月1日号～10月1日号

「世界の再建」『サンデー毎日』1月5日号

「国防国家と用紙配給」8月12日懇談会速記録

「世界の再建」『新若人』1月号

「国防国家の建設と家庭教育」『婦女界』2月号

「国防国家と臣道実践――肇国の大精神を実現しよう」『写真週報』3月5日号

「国防国家建設と臣道実践」『時潮』3月号

「国防国家の建設と武道鍛錬の復活」『新武道』4月号

「国防国家とは何か」『水道』4月号

「封建から臣道実践へ」『文芸世紀』3・4月号

「鈴木少佐勧説　対支精神文化工作　宗団は素裸となり重点主義をとれ」『中外日報』７月５日付
「都会生活と個人主義」『現代』７月号
「時艱の突破と国防国家の建設」『偕行社特報』７月号
「荷物は重いぞ」『冨士』８月号
「義人郝占元之墓（北京に於ける支那事変記念日の思出）」『冨士』８月号
「国防国家建設の要諦」『日本評論』８月号
「国防国家の新体制」永井柳太郎・中野正剛・八田嘉明・道家齊一郎・鈴木庫三『新体制問題大雄弁録』新興之日本社
「国防国家の話」『ラヂオ講演・講座』９月中旬号
「陸軍省情報部鈴木庫三少佐に国防国家とはどんなものかを聞く」『昭和躍進時代』９月号
「ヘイタイサンノ　カブリモノ」『幼年倶楽部』９月号
「国防国家とは何か」『新若人』10月号
「高度国防国家に就て――わが国独自の国防国家建設へ」『講演時報』10月号
「国防国家と宗教」『六大新報』10月号
「国民試練の秋」『週刊朝日』10月13日号
「国防国家とはどんな国家か」『キング』10月号
「国防国家と新体制」『文芸世紀』10月号
「日独伊三国同盟の意義」『週刊朝日』10月20日号
「国防国家とは何を指すか」『社会教育』11月号
「国防国家の話」『講談倶楽部』11月号
「現代の戦争は国家総力戦なり」『モーター』12月号
「国民戦と軍人精神」『講談倶楽部』12月号
「日独伊同盟と学徒の覚悟」『新若人』12月号
「大陸へ花嫁を送れ」『家の光』12月号
「青年の国防国家建設に対する使命」①②『青年指導』12月～1941年１月号
鈴木庫三／大坪保雄／加藤長／小林尋次／鈴木重郎／田代格／高瀬五郎／塚越虎男「時局は婦人に何を要求してゐるか座談会」『婦人倶楽部』２月号
鈴木庫三／ラインハルト・シュルツエ／長屋喜一／米本正／宮本守雄／百々巳之助／小塚新一郎／弘田親輔／伊藤規矩治／赤尾好夫／池田佐次馬「シュルツェ氏を中心に独逸の教育・学生・青年を語る座談会」『新若

鈴木庫三／板井武雄／宇原義豊／本田トヨ／竹内茂代／吉岡英太郎「戦争と大陸経営・早婚を奨める座談会」『婦人倶楽部』10月号
鈴木庫三／清瀬一郎／濱野末太郎／福山寛邦／中谷武世／松岡孝児「〈東京会談決裂以後〉座談会」『文藝春秋　現地報告』9月号
鈴木庫三／堀切善兵衛／井上謙吉／木村増太郎／伍堂卓雄／高木陸郎／吉岡文六／野依秀市／松本忠雄／吉田政治／譚覚真／永井柳太郎「東亜再建座談会」『興亜産業経済大観』（『実業之世界』特別臨時大増刊）

■1940年（昭和15年）
『教育の国防国家』目黒書店
『世界再建と国防国家』（鈴木庫三監修、大熊武雄・阿部仁三著）朝日新聞社
「先づ国内問題を解決せよ」（宇田尚編『思想建設――興亜の理念』広文堂）
九段軍人会館講演「国防上より見たる満洲開拓」『日満一体の姿』日本電報通信社
「教育国家建設の提唱」文部省教学局『思想研究』第10輯
『青年講座11　国防国家の話』社会教育協会
「新東亜建設の諸問題」『公論』1月号
「事変処理と総力戦」『公論』2月号
「興亜の精神に就て」『少女の友』2月号
「国内思想問題と国家総力戦」『公論』3月号
「聖戦と建設」『受験旬報』3月中旬号
「広義国防から見た満洲開拓民と青少年義勇軍」『新満洲』3月号
「支那の現状と治安状況」『拓殖情報』4月号
「国防上より見たる満洲開拓」『講演通信』4月号
「聖戦と建設」『揚子江』4月号
「聖戦と建設」『陸軍画報』4月号
「青年の聖戦観」『雄弁』5月号
「半島から大陸へ」『新満洲』5月号
「世相随想・知らずに犯す親の罪――こんな親を持つ子の将来は？」『婦女界』5月号
「内鮮一体と満洲開拓問題」『拓務評論』6月号
「大陸経営と教育の革新」『青年教育研究』6月号
「支那事変で日本は何を得るか」『キング』6月号

■1938年（昭和13年）

「漢口従軍を前にして　従軍文士に期待」『東京朝日新聞』9月3日付
「聖戦の真意義」『偕行社記事』10月号
「個人主義反対」『支那事変画報（週刊朝日・アサヒグラフ臨時増刊）』第24輯（11月15日臨時号）
「武漢陥落と国民の覚悟」『揚子江』12月号
鈴木庫三／上月良夫／坂西平八／奥保夫／月野木正雄／臼田寛三／棚橋真作「忠勇壮烈鬼神も哭く　最近帰還の部隊長座談会」『現代』10月号
鈴木少佐／井上謙吉／蠟山政道／太田宇之助／尾崎秀実／大西斎／神田正雄／桑原中佐／横田実／高木陸郎／村田孜郎／山崎靖純／山崎大佐／松本忠雄／松本慎一／杉森孝次郎「支那経営大座談会」『日本評論』11月号
鈴木庫三／井上謙吉／桑原重遠／佐藤安之助／松本忠雄／松島慶三／横田実「漢口攻略とその後に来るもの　座談会」『青年』（日本青年館）11月号

■1939年（昭和14年）

「陸軍教育」『教育学辞典』岩波書店
『支那事変の真意義』（陸軍省情報部名義）4月
『国家総力戦の戦士に告ぐ』（陸軍省情報部名義）6月
「国策と学校教育」『体育と競技』1月号
「日支はなぜ戦ふか」『小学四年生』2月号
「大陸経営と日本青年」『陸軍画報』3月号
「兵役法の改正について」『帝国教育』4月号
「時事問題早わかり（支那事変の将来）」『キング』7月号
「戦に勝つには何うすればよいか」『冨士』8月号
「満洲青少年義勇軍と国策移民」『陸軍画報』9月号
「支那事変の原因は何か」①〜③『受験旬報』9月上中下旬号
「大陸へ花嫁を送れ」『主婦之友』10月号
「事変の今後は何うなるか」『受験旬報』10月中旬号
「時局の将来と青年学徒の覚悟」『受験旬報』10月下旬号
「本格的長期建設へ」『支那事変画報（週刊朝日・アサヒグラフ臨時増刊）』11月号
「ドイツとフランスのえうさい」『幼年倶楽部』12月号
鈴木庫三ほか「排英座談会」『ユーモアクラブ』9月号

鈴木庫三著作目録

■1931年（昭和６年）

「現今の社会相を観て（其一）」『偕行社記事』12月号

■1932年（昭和７年）

帝国在郷軍人会本部編『農村問題と満蒙問題』帝国在郷軍人会本部

『皇軍の倫理的研究』陸軍省「調査彙報号外」

「陸軍教育」ほか、入澤宗壽『入澤教育辞典』教育研究会

「現今の社会相を観て（承前）」『偕行社記事』１月号

■1934年（昭和９年）

「軍隊教育の特色と軍隊教育学の成立」『教育思潮研究』５月号

■1935年（昭和10年）

『軍隊教育学概論』陸軍自動車学校

「建軍の本義」『日本大学文学科研究年報』第１輯

「交通道徳に就て」『自動車記事』（陸軍自動車学校高等官集会所）８月号

「軍隊教育の特色と軍隊教育学の成立」『自動車記事』９月号

■1936年（昭和11年）

『軍隊教育学概論』目黒書店

『日本精神の研究』陸軍自動車学校

「初年兵（乗用車・側車・貨車）野外応用操縦演習細部計画」『自動車記事』５月号

「技能教育の話」①～④『自動車記事』８月～12月号

■1937年（昭和12年）

「日本精神の研究」①～④『自動車記事』１月～４月号

解題　特異な陸軍将校のエゴ・ドキュメント

佐藤卓己

鈴木庫三の自分語り

「思出記《おもいでのき》」（一九一八年）と「国防国家と思想」（一九四一年）は、日中戦争から太平洋戦争下に陸軍省情報部員、情報局情報官として言論統制を行った鈴木庫三が書き残したエゴ・ドキュメントである。「思出記」は陸軍士官学校合格の二四歳までの刻苦勉励を回想した自筆ノート、「国防国家と思想」は日本大学夜学生・東京帝国大学陸軍派遣学生として学んだ青年将校時代の回想を含む情報官時代の寄稿文である。前者はノート二冊にペン書きされたものを翻刻した。後者は『吉田［静致］博士古稀祝賀記念論文集』（寶文館・一九四三年）に収められているが、ここでは鈴木自身が誤字などを朱書した抜刷から復刻した。いずれも若い世代の読み易さを考慮し、旧漢字を新字に改めルビを多めにふっている。また、［ ］内の記述は編者による説明や補正である。

鈴木庫三の略歴について、私は吉田裕ほか編『アジア・太平洋戦争辞典』（吉川弘文館・二〇一五年）で次のようにまとめている。

すずきくらぞう　鈴木庫三　一八九四―一九六四　情報局情報官として「日本思想界の独裁者」（清沢洌）と呼ばれた陸軍将校。一八九四年一月一一日、茨城県真壁郡明野にて農業・鈴木利三郎の六男に生まれる。里子に出され苦学の末、下士官から陸軍士官学校を受験して輜重兵少尉となり、夜学で日本大学文学部倫理教育科を首席卒業。陸軍自動車学校教官から東京帝国大学文学部陸軍派遣学生となり『軍隊教育学概論』（三六、目黒書房）を出版。三八年陸軍省新聞班（九月に情報部へ改組）付となり雑誌指導を担当。四〇年情報局情報官

（第二部第二課）となり日本出版文化協会文化委員、陸軍中野学校教官など兼任。四二年海軍側との対立から満州に連隊長として転出。戦後は熊本県菊池郡で農業を営み、大津町公民館長となる。『教育の国防国家』（四〇、目黒書店）など多数の著作がある。六四年四月一五日没。七十歳。

エゴ・ドキュメント（自己文書）とは、「僕」や「私」などの一人称で書かれた史料を示す歴史学用語で、手紙、日記、回想録、自叙伝、口述調書など「自分語り」文書を総称する。最近ならSNS上のログやツイートなどを含めてもよいのかもしれない。こうしたエゴ・ドキュメントの中でも、個人が自らのライフ・ヒストリーを大きな時代状況の文脈に位置付けようとした自叙伝、回顧録は、個人が実践した歴史解釈の記録として特に貴重である。むろん、こうした自分語りは個人の主観的解釈によって筋立てられたもので、必ずしも客観的事実だけが書かれているとは言えない。とはいえ、人間の情動、さらには時代の感性を考察する上で貴重な史料となるだろう。

本書収載の自叙伝、回顧録に加えて、大正三（一九一四）年から昭和二九（一九五四）年まで四〇年間にわたる「鈴木庫三日記」（本書資料編に収めた著作目録の未公刊文書を参照）を利用して、私は『言論統制――情報官・鈴木庫三と教育の国防国家』（中公新書・二〇〇四年）を書き上げた。この神話化された「言論弾圧者」の実像を明らかにするために、私は同書を執筆した。同書は幸いにも多くの読者に好評をもって迎えられたが、同書で部分的に引用した「思出記の全編が読みたい」という声がたびたび寄せられた。

今回、『言論統制』刊行二〇周年を期して増補改訂するに当たり、そうした読者の期待に応えるべく鈴木庫三のエゴ・ドキュメントとして刊行することを考えた。戦時下のメディア研究、検閲研究が急速に発展する中で、「鈴木庫三」はますます注目される存在になってきたためである。たとえば、近年の代表的な研究である金子龍司『昭和戦時期の娯楽と検閲』（吉川弘文館・二〇二一年）は、『言論統制』刊行を契機に文学・演劇・報道などの分野で「悪意ある検閲官僚」に見直しが図られ、検閲研究が活発化した様子を次のように評価している。

その嚆矢ともいえるのが、佐藤卓己による出版統制の検閲官鈴木庫三の伝記的研究であった。カントを原書で講読し大学で教育学を講じる情報局情報官の姿は、無知で威圧的といった従来の検閲官イメージに大きな修正を迫った。

「情報官・鈴木庫三」の実像を契機に、戦時下の検閲研究が飛躍的に発展したことは確かだろう。また最近では、内務省でレコード検閲を担当した小川近五郎を扱った毛利眞人『幻のレコード――検閲と発禁の「昭和」』（講談社・二〇二三年）についての書評で、平井玄はこう書いている（『図書新聞』二〇二四年三月二日号）。

「生活の鼻唄」を愛でる近五郎とジャズを嫌う庫三は、ともに上流階級や学歴エリートではない。

それにしても、「プロレタリア少尉」から情報局情報官となった鈴木庫三は、昭和言論史上もっとも悪名高い軍人として語られてきた。講談社、岩波書店、実業之日本社などの旧社史を繙けば、言論弾圧の元凶として何度もその名に出くわすはずだ。実際、日米開戦前の一九四〇年、鈴木少佐は陸軍報道部と情報局で雑誌指導を担当し、内閣の新聞雑誌用紙統制委員会幹事、さらに統制団体である日本出版文化協会（文協）文化委員や日本出版配給株式会社（日配）創立委員を兼ねていた。現役武官でありながら用紙、出版、流通の全工程に睨みを利かせる位置にあり、戦後は石川達三の新聞連載小説『風にそよぐ葦』の悪役「佐々木少佐」のモデルとなった。その「野蛮な陸軍将校」のイメージから、「小型ヒムラー」（美作太郎ほか『言論の敗北』）、「内乱の教唆者」（高木惣吉「陸海軍抗争史」）と厳しく批判され続けた。

だが、そうした戦後の告発には「記憶の嘘」が数多く含まれており、むしろ鈴木が「無知無学の軍人」というより「学者のような軍人」だったことを、拙著『言論統制』は明らかにした。その際、利用できたのが鈴木庫三の残したエゴ・ドキュメントである。

歴史研究者と史料の出会いにはドラマがある。私が「思出記」や「鈴木庫三日記」にたどり着くまでの経緯は『言論統制』の「あとがき――鈴木庫三とは何者だったのか」に書いた。知人から「あのあとがきのために、あなたは四〇〇頁以上の本を書いたのですね」と言われたとき、なるほどそうかもしれないと思った。本書の読者でまだ『言論統制』を未読の方は、「あとがき」だけでも目を通していただきたい。

「鈴木庫三日記」など残された史料の構成については、すでに伊藤隆・季武嘉也編『近現代日本人物史料情報辞典 2』（吉川弘文館・二〇〇五年）にまとめた。一九一四年から一九五四年まで現存する五六冊が遺族の手で保管されている。それ以外にも、日本大学大学院『特殊演習日誌』や情報官時代の手帳類なども一部が存在している。

今回、『言論統制』の増補改訂に踏み切った理由は、こうしたエゴ・ドキュメントが刊行後に増加したためである。『言論統制』執筆時には紛失したものとあきらめていた一九三五年、三六年、三七年の三年分の日記、さらに中国大陸出張記録「北支、蒙疆、満洲　旅行日記」(一九三九年)が新たに発見され、その一部は「新資料発見　鈴木庫三と二・二六――「言論統制官」の誕生」(『中央公論』二〇〇四年一二月号)で紹介した。現在、欠落している日記は、一九四一年、四二年、四四年、四五年の四年分だが、終戦後の一九四六年一月一日の日記に次のように書かれている。

「一九四五年八月」十七日以降師団命令で重要書類は勿論、地図、私物書籍、手帳の類まで焼却を命ぜられた。これがために最も記念すべき昭和二十年の日誌と昭和十八年「十九年の誤記」の日誌とを焼き棄てた。

満洲時代の一九四三年日記は現存するので、今後発見される可能性がある「鈴木庫三日記」は一九四一年、一九四二年の二年分である。そして、この二冊がどこかでまだ眠っている可能性を私は心のどこかで信じている。日米開戦の前後二年間は鈴木情報官が出版界に君臨し、やがて満洲に左遷されたターニングポイントであり、戦時言論出版史を書くためには是非とも確認したい史料なのだ。以下では、本書収載の二つのエゴ・ドキュメントについて必要なかぎりで背景の解説を行っておきたい。

自叙伝「思出記」の成立――陸軍士官学校入学までの歩み

鈴木庫三は、一八九四（明治二七）年一月一一日、筑波山の南、茨城県真壁郡明野町大字鷺島の農業・鈴木利三郎の第七子として生まれた。日清戦争が勃発するのは、その半年後、八月一日である。この年に生まれた著名人として、思想家では福本和夫（共産党理論家）、蓑田胸喜（『原理日本』主宰）、小説家では葉山嘉樹（プロレタリア作家）、江戸川乱歩（推理作家）、実業家では松下幸之助（松下電器産業創業者）、植村甲午郎（経団連会長）などがいる。その意味で、「思出記」は明治・大正・昭和を生きた人物の青春の立志伝と言える。さらに言えば、国防国家建設を通じて教育機会の均等化を推進した「教育将校」――教育を専門に研究する将校を以下ではこう呼ぶ――の誕生物語となっている。

第一冊目の表紙には「前編第一巻」、第二冊目の表紙には「前編第二巻」とあり、「前編終り」と記載の後に自作の新体詩や俳句がペンで書き残されている（もう一冊、鉛筆での下書きノートが存在する）。二四歳までを人生の「前編」と見立てた「前半生の決算書」という体裁である。当然、「後編」が予定されていたはずだが、結局書かれることはなかった。もし書かれていれば年齢制限で陸軍大学進学の希望が潰えた無念さなどから始まったはずである。ただし、士官学校入学以後の日記はほぼ揃っているので、鈴木庫三の士官学校生活、青年将校としての活動についてはある程度まで再現は可能である。その試みについては『言論統制』第二章「「教育将校」の誕生」

を参照いただきたい。

もちろん、青年期に書かれた自叙伝が私小説的な劇化作用を受ける可能性は否定できない。だが、現存する「鈴木日記」の記述と事実関係を比較検証したかぎり、冒頭に書きつけられた自序の記述、「我ガ真実ナル生立ノ状況ヲ記述セルモノナリ」を疑うべき痕跡は認められない。ただし、下書きを含めた執筆が厳密に「大正七［一九一八］年九月二十八日」（自序）から始まったとは考えにくい。「思出記」の記述は三週間後の同年一〇月一八日、士官候補生の配属兵科決定で終わる。同年一二月一日には大阪砲兵工廠から東京の輜重兵第一大隊付に異動している。当時の日記と対照するかぎり多忙な下士官生活の中で、四〇〇字詰めに換算して約二五〇枚の原稿を清書するのに約二か月はぎりぎりだったはずである。つまり、一九一八年九月二八日に清書が始められたとしても、鉛筆書きの草稿はもう少し早くから執筆されていたはずである。

というのも、この一九一八年にかぎり「鈴木日記」は英文日記のみが残っている。士官学校受験を決意してからは、英作文力を増進させるため、通常の日記とは別に「英文日記」を自らに課していた。鈴木庫三は砲兵工科学校に入学する一九歳まで学校で英語を学んでいない。理数系には天性の才能を示したが、基礎学力を欠いた英語が士官学校入試で最大のネックとなっていた。一年間欠かすことなく几帳面にぎっしりと綴られた「英文日記」、その強靭な精神力にはそれだけで感動を覚える。おそらく「英文日記」の継続を支えたのが、この「思出記」草稿の執筆ではなかったろうか。勉強の目的を、何度も嚙み締め再確認した「受験生の告白録」であり、結果的には「合格体験記」となったものである。文は人なりという通り、後年の情報官・鈴木中佐の行動を理解する上で貴重な史料となるはずである。

内容については、直接「思出記」を味わっていただく方がよく、ここで多くの解説を要しない。いずれにせよ、田中利三郎家の六男四女の第七子として生まれた庫三が、大里菊平家の里子に出されたことが、このドラマチックな苦学物語の起点となる。後年、庫三は娘たちに里子に出された理由について、母親の母乳が出なくなったためと語ったようだ。もっとも大里家には子供がいなかったので、その説明は合理的でない。子供に恵まれない大里夫婦は、庫三を我が子のように大切に育てたが、その経済状態は庫三が小学校に上がる前あたりから急速に悪化した。やがて大里家にも妹や弟が生まれたが、この血のつながらぬ兄妹をやがて結婚させようと考えていたようだ。

鈴木が将校となった後も、たえず社会の不平等解消を考え、教育格差の是正に想いを寄せ続けていた背景も「思出記」から十分に読み取れる。極貧で肩身の狭い養父母と、それに対して実家で安楽に暮らす実兄たち、彼等に庫三少年がどのような眼差しを向けていたか、それもこの自叙伝の読みどころだろう。庫三の実兄たちが役人、将校、医師、教師、薬剤師になっているように鈴木家は教育に熱心だった。そのため周囲が「やがて養家を見捨てるだろう」と噂するのを耳にするたびに、庫三の養父母への思いはいっそう強まっていった。庫三が考えた妥協案は、養家の農業を手伝いながら実家から月謝と書籍代の援助を受けて高等小学校に通うこと、そして陸軍幼年学校に進学することだった。

しかし、陸軍幼年学校進学の希望は養父に退けられた。一家の農作業を実質的に支えていた少年を手放すことができなかったのだろう。それよりも、経済的事情が大きかったはずだ。陸軍幼年学校は、戦死者遺児の官費生や半額免除の陸海軍将校の子弟以外は、原則として三年間の学費納金が必要だった。額面では一般中学校よりもかなり大きな出費が必要となる。ちょうど実父が土地や材木の取引に失敗し、無理を言えない時期に重なっており、幼年学校受験を断念している。このとき、庫三は「下士志願して、任官後独習修学して、陸士の受験する」五か年計画（本書四二頁）を立案している。一四歳の少年がこれほど明確に将来を見通せていたかどうか。「思出記」は士官候補生に採用が決定した後に書かれている。歴史叙述にまま見られる因果関係の合理化が無意識にもこの場合は働いていたのだろう。庫三は、この年設立された帝国模範中学会の通信会員となり、農作業の合間に講義録を繙いた。夜には「獣欲方面に活動」する「風紀の悪い」村の青年たちとの付き合いを拒絶して、同じような境遇の友人と講義録の勉強会をしている。講義録読者の大半はすぐに挫折したが、庫三は日が暮れると小学校の校長などを訪ねて、毎夜一〇時まで勉強を続けたという。

労働と勉学に専念する、この付き合いの悪い青年に対して村の同年輩の視線は冷たかった。庫三も村民の義務として「若士団」に入団するが、自ら積極的に新式の自彊青年団へ組織改革を主張し、先輩たちの「弊風」を猛然と糾弾した。しかし、このときも青年団の近代化を進める国家の要請が彼に味方した。日露戦争時の銃後奉仕活動で軍部が注目した青年団は、内務省の積極的指導により国家目的に沿った修養と奉仕に活動の比重を移していった。庫三が入団した一九一〇年には、予後備役兵と町村有志の親睦組織であった軍人会も帝国在郷軍人会に統合されている。鈴木庫三の最初の社会活動が青年団の「革新」であったとすれば、一五年後に「昭和維新」を願う青年将校として陸軍内部で、そして三〇年後「出版新体制」を叫ぶ情報官として、同じ「革新」への行動パターンをとることになる。

庫三の農作業は順調に発展し、大里家も村一番の「大小作人」になった。これにより、養家の借金も返済の目処がついたため、庫三青年は一九一三年二月、砲兵工科学校へ願書を提出し見事に合格している。同年一二月一日、鈴木庫三は砲兵工科学校の門をくぐった。まず身体検査を受け、第二教育班の第一内務班に振り分けられ、「古生徒」の指導で軍服や靴を揃え、内務班生活が始まる。戦後の小説類で描かれる内務班の印象は陰惨で非合理的だが、それは誰が、どの時期に、どの場所で過ごしたかで大きく異なっている。少なくとも工長候補者の庫三が体験した最初の内務班生活は快適かつ合理的だった。しかし、庫三自身、この五年後に士官候補生として再体験した内務班は、このときとはまるで異なった悪印象を日記に残している（『言論統制』第一章を参照）。

下士官から将校になるコースとして庫三は砲兵工科学校を選んだわけだが、学校課程と実習をこなしつつの陸士受験勉強は並大抵のことではない。彼に手をさしのべたのは、数学教員だった梅地慎三（後に成蹊高校教授）である。毎日曜日の午前中に自宅に招いて個人指導をしてくれた、この梅地先生を鈴木は後々まで恩人として仰ぐことになる。日曜日午前中は梅地先生に数学、午後は帝大生に漢文の個人教授を受け、独英学館で英語の授業を受けた。日記で勉強していない日を探すことは難しい。ただし、受験勉強に集中し、課程学習は二の次としていたので、卒業成績は銃工科の一〇番である。決して悪い成績ではないが、卒業後の赴任先として希望した候補地は全てはずれて一九一五年一一月、青森歩兵第五連隊に三等銃工長として着任する。三等銃工長は砲兵科下士の最下位で、歩兵科の伍長に相当する。ここに正式に陸軍軍人・鈴木庫三が誕生した。

青森における記述はそっけない。この第五連隊の下士室で庫三が目にしたのは、陸士受験の志破れて目標を失った先輩たちの姿であった。実際、中学校卒業生自体が少なかった明治期にはまだ残されていた下士から将校へのルートは、大正期に入ると急速に閉ざされていった。三等銃工長の勤務とは無関係な受験勉強を、余暇時間を犠牲にして行い、中学校卒業生と競争することは至難の業と言えた。しかし、この努力家はまだ運に見放されてはいなかった。青森到着のわずか一か月半後、一二月二〇日付で盛岡の騎兵第二四連隊に転任の辞令が届いた。同月二四日には盛岡に向け出発している。盛岡では陸士志願を申請すると、他の志願者とともに住居などで便宜が与えられている。

しかし、一九一六年の陸士受験は不合格に終わった。もちろん鈴木三等銃工長だけではなく、同じ道を目指した砲兵工科学校の同期生はまだ誰一人として合格していない。業務は弾薬庫の管理だったが、一一月一日に二等銃工長（歩兵科の軍曹に相当）となり銃工場と兵器庫も任され仕事は多忙を極めた。仕事が終わると、盛岡中学の教師が運営した江南義塾（石川啄木が通ったことで有名）に走った。その高等受験科は、高等諸官立学校の入学志望者が通う夜学部であったが、生徒減少のため閉校となった。その後、英語は陸軍大学校を目指していた第一中隊の井上又一中尉から週番のときに指導を受けた。当時、鈴木工長が作成した修学予定表が残されており、日曜休日や同僚の帰省中も「実施」の赤文字で埋められている。志を遂げるまで故郷の土を踏まない覚悟が、日記にも繰り返し綴られている。

だが、一九一七年の試験も、英語のために失敗した。この年、砲兵工長から七名が合格しており、同期の林順二二等工長も含まれていた。陸士入学には二五歳の年齢制限があるため残された機会は、あと二回である。しかし、三度目の挑戦となる次回を最後と決めて、鈴木二等工長は背水の陣を布いた。英語を集中的に学習し、英文日記をしたためている。

勤務後、毎日最低五時間の勉強を続ける工長の兵営生活は、まさしく受験への戦争準備と化していた。そんなとき、一九一八年二月のある日、初めて上官から暴行を受けた。新しく機関銃教官になった阿部騎兵中尉が、勤務時間外に命令系統を無視して、鈴木工長に空包の供給を命じた。ちょうど浴場に向かっていた二等工長は、規則を盾に謝絶しようとしたが、その言葉も終わらぬうちに阿部中尉のビンタがとんできた。後年、「泣く子も黙る」と編集者から恐れられた鈴木庫三だが、この若き日の体験記は「思出記」の圧巻部分である（一二三－一二七頁）。

後に将校となった鈴木庫三は、自分が指揮する部隊での私的制裁や暴力を極力排除した。やがて自らが「軍隊教育」の専門家となったとき、内務教育を特に重視した原点はここにある。ちなみに、ここで彼を阿部中尉の横暴から守った廣田豊少尉（陸士二七期）は陸大三五期で、恩賜の軍刀組となり、アメリカ駐在武官を経て航空兵に転科している。士官学校時代以後も、その人柄を慕って鈴木は廣田宅を何度か訪問している。

阿部中尉への「復讐戦」ともなった士官学校入試では、これまで苦杯をなめた英語でも及第点を取った。一九一八年七月二二日、教育総監部より「士官候補生採用者注意事項」の手紙が到着した。成績順に官報告示されたのは、七月二七日である。二二〇名中の一一五位。技術系である鈴木工長の希望兵科は、砲兵、工兵、騎兵の順だった。この年、砲兵工長から八名が合格したが、同期からは鈴木工長だけであった。まさしく奮闘努力、刻苦勉励の賜物と言える。

こうして、鈴木工長は晴れて故郷に錦を飾ることができた。実家に帰省中の一九一八年八月一六日に「八月七日発令・大阪砲兵工廠附」の辞令が届いた。一二月の陸士入学まで残すところ約三か月で突然の転任に戸惑っている。しかし、八月二五日午前八時の盛岡から下り列車で一路大阪へ向かった。鈴木工長が大阪に旅立った八月二五日は、奇しくも「白虹事件」として言論史上に特筆される「その時」である。「思出記」に関連する記載は、最終段落に「過般の米騒動の跡」とあるだけである（一五二頁）。この騒動の中、大阪入りした鈴木銃工長が、言論統制の当局側として朝日新聞社と向き合うのは、さらに二〇年先のことである。

この大阪到着の二か月後、一九一八年一〇月一八日に士官候補生の配属部隊、すなわち兵科の決定があった。「陸軍砲兵二等銃工長　鈴木庫三　士官候補生を命ず。来る十二月一日午前九時輜重兵第一大隊に入隊すべし」。それを受け取った庫三はその驚きと悲しみは「思出記」末尾でも読み取れるが、英文日記ではより率直にこう綴っている。

So I was astonished and sorrow when I have heard the news, for my object was not a transport soldier.（その知らせを聞いたとき私は驚き悲しんだ。輸送兵になることが目標ではなかったのだから。）

輜重兵科を指定された鈴木庫三の絶望を、今日の私たちが十分に理解することは難しいかもしれない。輜重兵は、英文日記で綴られた通り「輸送兵」a transport soldier である。輜重の輜とは衣類を載せる車、重とは荷を載せる車の意で、部隊の移動に際して糧食、被服、武器、弾薬など軍需品の輸送を担う兵科である。日露戦争以後、攻撃精神を過大評価した日本陸軍では、輜重兵科は任務の地味さから軽視され続けた。実際、輜重兵の下で運搬作業を行う輜重輸卒は、一般兵と異なって進級ができない等の差別待遇に置かれていた。そうした評価は「輜重輸卒が兵隊ならば、チョウチョ、トンボも鳥のうち」という戯《ざ》れ唄で広く世間に知られていた。とはいえ、機械化された自動車兵や衛生兵といった兵種も輜重兵科であり、その機能が近代戦の勝敗を左右する。輸卒の呼称も一九三一年満洲事変勃発後に輜重特務兵と変えられ、日中戦争勃発後の一九三九年にようやく輜重兵に統合される。昭和陸軍は近代戦で苦戦しなければ、輜重の重要性を理解しなかった。いや、それでも理解は足りなかった。相変わらず兵站《へいたん》を軽視した戦術中心の伝統により、アジア・太平洋の戦場で数多くの悲劇が繰り広げられたことは周知の通りである。

それにしても、国防国家建設を通じて教育機会の均等化を推進した「教育将校」の誕生物語として、「思出記」は出来すぎている。しかし、「思出記」執筆当時、二四歳の鈴木庫三はまだ自らの将来をまったく予測できてはいなかったのである。たとえば、輜重科からの陸大受験、その困難さである。それは下士からの陸士受験の比ではなかった。鈴木輜重兵生徒も、かなり早い段階で陸大進学の現実味がないことに気付いたにちがいない。その可能性を検討する前に、陸軍将校養成システムについて簡単にまとめておきたい。

一九一八年一二月一日、晴れて士官候補生となった鈴木庫三は、輜重兵第一大隊で隊付勤務を体験し、その一年後に市谷台の陸軍士官学校の門をくぐった。翌一九二〇年に陸軍将校養成制度は大改正された。従来の士官学校は士官学校本科となり、中央幼年学校が士官学校予科になった。これにより士官学校予科と本科の間に六か月の隊付勤務と兵科決定が行われることになった。鈴木はこの改正以前の候補生である。士官学校は陸軍幹部養成の根幹であり、その卒業席次は陸軍大学校進学を含めその後のキャリア形成に大きく影響を与えた。一九四五年敗戦までの七〇年間に、士官生徒一一期、士官候補生五八期の計六九期で三万八七四六名の将校を送り出している。鈴木庫三の第三三期生は、中学校および各兵科各部下士官からなる一般選抜の士官候補生二一一人に、幼年学校卒業生を加えた四七七人であった。この士官候補生は通常、隊付教育の間に一等兵から軍曹に昇進して士官学校に入った。

一九二一年七月に卒業した第三三期生は、隊付けされた原隊に戻り、約二か月間の見習士官を務め、連隊将校団の銓衡会議を経て奏任官である少尉に任官する（裏表紙の記念写真を参照）。ちょうど、この三三期からそれまで五月卒業一二月任官だった見習士官期間が、七月卒業一〇月任官に短縮されている。任官後、配属された部隊で命課布達式が行われ、正式に帝国陸軍将校団の一員となる。この将校団中の優秀者が、さらに陸軍大学校に進学した。しかし、鈴木庫三の場合、輜重兵科から陸大への入学枠が極端に小さかっただけでなく、二四歳で士官候補生となっており、「任官二年以上、三〇歳以下」という入学規定が高いハードルだった。一九二一年一〇月の任官だから一九二三年一〇月から受験資格があるが、その三か月後には三〇歳になってしまう。現実的に考えて、鈴木少尉に陸軍大学校の受験機会は存在しなかった。実際、一九二三年一二月入学の陸大三八期に受験できたのは陸士三二期以上であり、この期の合格者は皇族・恒憲王《つねのりおう》のみである。鈴木少尉と同じ三三期生では二年後、一九二五年の陸大四〇期に首席卒業の田中弥《わたる》ほか六名が合格している。年齢制限だけとっても、鈴木少尉の陸大受験は不可能だったのである。

「思出記」の「前編」が陸大受験の決意で終わっている以上、その「後編」を書き起こしにくかったことは理解できる。この現実に、鈴木候補生は「思出記」の完成後まもなく、すなわち一九一八年一一月から輜重兵第一大隊に入営するまでの一か月の間に気付いた可能性が高い。というのも、それ以後、私的な「懐中日記」にも陸大受験の文字はいっさい見当たらないからである。

陸大受験との関連で士官学校の卒業席次についても触れておきたい。軍官僚制においては卒業席次で昇進などが決まる。鈴木の士官学校の卒業席次六九位（輜重兵科三位）で、最終ポストが第一四六師団輜重隊長・大佐は一応順当と考えられる。しかも陸大三八期から四二期の輜重兵科「天保銭組」（陸大の卒業徽章を付けた将校）六名中三名の参謀職務初任ポストは陸軍自動車学校付であった。自動車部隊は輜重兵科の花形である。陸大受験はできなかったものの、鈴木庫三が自動車学校練習隊付、同校教官、と中央学校のポストを歩んだことは、卒業成績に見合った進路と言える。だが、そうした日の当たる場所であるがゆえに、「天保銭組」への猛烈な対抗意識が形成されていった。新たな目標として、鈴木少尉が見出したのは、東京帝国大学で学び「軍隊教育学」のプロフェッショナルになることであった。

回顧録「国防国家と思想」――東京帝国大学陸軍派遣学生時代の回想

陸軍大学校にかわる目標として浮上した東京帝国大学に鈴木庫三を導いた一人が、その指導教員となった吉田静致《せいち》教授である。東京帝国大学文学部倫理学講座の吉田教授は日本大学文学部倫理教育学科に出講しており、そこで鈴木と出会った。この回顧録「国防国家と思想」は弟子の一人として『吉田博士古稀祝賀記念論文集』に寄稿されたものである。これとともに同書に収められたのは以下の内容である。東京帝国大学で吉田教授に学んだ弟子、日本大学倫理教育学科で同僚だった学者の論文である（肩書は記載された論文執筆時のもの）。

牧野信之助（第四高等学校教授）「帝国学士院会員・文学博士　吉田静致先生略年譜」「吉田静致先生著作目録」、小野正康（国民精神文化研究所所員）「学」、小沼洋夫（教学局教学官）「倫理学の転換」、池岡直孝（明治大学教授）「皇道を論じてその世界的意義に及ぶ」、鈴木庫三（情報局情報官陸軍中佐）「国防国家と思想」、横山将三郎（京城大学予科教授）「不作為の倫理性」、佐佐木英夫（日本大学教授文学博士）「刑務所状態の倫理学的考察」、藤井章（東京外国語学校教授）「本邦細民の道徳意識」、高階順治（東京高等師範学校教授）「価値転換の本質とその諸形態」、五十嵐祐宏（国民精神文化研究所所員）「憲法十七条序説」、伊藤智源（大正大学教授）「仏教詔勅の倫理的考察」、宮崎秀春（安田商業学校）「古代道徳史に於ける日本と支那」、木下一雄（文部省督学官）「神皇正統記に於ける「武」の倫理」、木村伊勢雄（成蹊高等学校教授）「中朝事実の価値」、後藤三郎（岡崎師範学校長）「吉見幸和の国体思想」、近藤兵庫（東京高等学校教授）「吉田松陰の日本倫理への寄与」、荻原拡（東京文理科大学教授）「程明道の道徳理念論と其の価値」、矢島羊吉（東京文理科大学講師）「法華経の根本思想」、川田熊太郎（東京文理科大学助教授）「アリストテレスのオルトス・ロゴスに就て」、江上利生（日本大学教授）「道徳的対象性の考察」、石川謙（東京女子高等師範学校教授）「教科目の変遷から見た藩黌の変質過程と其の破綻」。

鈴木庫三が軍隊勤務のまま日本大学文学部で倫理教育学を学び首席卒業して助手となり、東京帝国大学陸軍派遣学生に選ばれたという事実を知らないと、この論文集で「陸軍中佐」だけが異様に映ってしまうかもしれない。この回顧録が吉田静致教授に献呈された記念論集に収められている以上、「思出記」の終わりから吉田教授との出会いに至る経緯から解説がまず必要だろう。

鈴木中佐の回顧録には擱筆の日付「昭和十六年十月九日」が刷り込まれているが、『吉田博士古稀祝賀記念論文集』は一九四三年七月一〇日に非売品として五百部のみ印刷された著作である。鈴木の入稿から二年近くが経過しており、その間に鈴木中佐は情報局情報官を追われ、満洲国ハイラルの輜重兵第二三連隊長に転出していた。内地の輜重兵第四六連隊長（熊本）に呼び戻されたのは記念論文集の刊行から三か月後である。その意味では、この回顧録は擱筆後に急展開した「国内思想戦」の帰結を知らない段階で執筆された、輝ける情報官時代の文章である。その構成は次のようになっている。

一、戦争の進化と国防国家
二、国防国家体制の根本は思想にある
三、国防国家の建設は教育から
四、我が国の国防国家
（一）昭和維新運動と国防国家への出発
（二）満洲事変と国防国家
（三）支那事変と国防国家
五、思想維新と皇国民の錬成

第一節、第二節は鈴木庫三の戦争観と思想戦論を要約したものであり、「教育国家」を中心にすえた総力戦体制論となっている。鈴木中佐の自分語りが始まるのは第四節「我が国の国防国家」からだが、ナチ教育学者エルンスト・クリークの教育論にも触れた第三節「国防国家の建設は教育から」にも、東京帝国大学陸軍派遣学生時代（一九三〇〜三三年）の学習成果が活かされている。いずれにせよ、この論文がエゴ・ドキュメントの性格を帯びているのは第四節以降である。以下では、この自分語りを理解する上で必要な情報を整理しておこう。

＊

陸軍士官学校へ入学後、陸軍大学校進学の望みがないと知った鈴木庫三は、帝国大学陸軍派遣学生という新たな進路に希望を見出した。それを実現するためには、まず員外学生制度のある陸軍砲工学校（一九四一年に陸軍科学学校に改組）への進学が必要だった。員外学生規則が制定された一九〇〇年当初は、技術教育を担当する砲工学校卒業生にのみ適用されていたが、鈴木が陸軍士官学校に学んだ一九一九年から砲工兵科以外でも「技術系」将校を希望する者は、選抜試験に合格すれば砲工学校を経て帝国大学へ派遣されるようになった。やがて「技術系」の対象は理工系学部から文系学部にも拡大された。派遣学生は帝大で一般学生とともに三年間の修学が認められた。そのため一九二三年には東京帝大文学部教育学講座に上村弘文歩兵大尉（陸士二〇期）、田辺勇騎兵大尉（陸士二三期）が派遣されている。

このルートの存在を知った陸士三三期の鈴木庫三は、一九二一年一〇月に輜重兵第一大隊少尉に任官した後も、猛勉強を続けている。「大正十一年当用日記（博文館）」の冒頭には、自作の「修学時間算出基準表」と「修学時間配当表」、巻末には時間活用グラフが添付されている。起床

(冬六時、夏四時半)から就寝(冬一〇時、夏九時)までの、勤務時間外に五時間の自習時間を何とか確保しようと苦心している。

一九二二年一〇月、陸軍砲工学校に入学が認められ、翌年一月には結婚するが、その三か月後には夜間開講の日本大学法文学部予科に入学した。一九二四年には中尉に昇進し、同一二月に陸軍砲工学校高等科を修了しているが、一九二四年の日記の末尾にある「大正十三年度修学時間一覧表」によると、「純然タル学術研究ニ費ヤシタル時間」は二八〇七時間、一日平均七・七時間である。部隊勤務や家庭行事で丸一日つぶれた日も少なくないから、実際には平日一二時間以上、最大で一四時間という猛烈な学習時間である。砲兵工校で昼に講義を受けた鈴木少尉は、砲工学校では修得できない人文的教養を求めて一七時以降は日大予科の学生となっていた。

一九二五年五月一七日に日本大学予科修了式があり、鈴木中尉は倫理教育学科に進学した。そこで鈴木中尉は吉田静致教授と出会った。東京帝国大学文学部倫理学講座教授の吉田も、午後五時以降は日本大学教授だった。日本大学が夜間部を主とする開講形式を続けた理由の一つは、昼間本務を持つ帝大教授や現役判事・検事を教員として確保するためである。鈴木中尉の希望により東京帝国大学教育学講座の上村福幸講師も日本大学に出講し、個人指導が行われている。哲学史は上智大学初代学長のヘルマン・ホフマン講師に学んでいる。倫理教育学科の学生委員にも選出された鈴木中尉が、水を得た魚のように勉学にのめり込んだ様子は日記からも窺える。もし満洲事変が起こらず、軍拡時代にならなければ、鈴木庫三が学窓に新たな進路を求めた可能性は低くない。実際、日本大学卒業後も大学院に進み倫理教育学研究室助手となっており、『吉田博士古稀祝賀記念論文集』の寄稿者たちと同じく師範学校教師、あるいは日本大学に残って講師・助教授・教授へと進んだ可能性も否定できない。

一九二七年一〇月二七日、吉田静致教授の指導下で鈴木中尉は八百頁の論文「人格と道徳生活」を書き上げている。大演習の移動中も列車で哲学書を読み続ける鈴木は、将校団内の異端者だった。当時の日記を見ても毎晩勉強ばかりで、およそ遊びというものがない。一九二七年一一月二七日、上京した養母を浅草の知人宅まで送り届ける際に、初めて遊郭に足を踏み入れた際、そこでも「意外の教育材料を得た」と書いている。

余は東京に来てから遊郭町に行つて見たのは初回である。然るに意外の教育材料を得た。それは他事でない。陸軍の下士兵卒が遊郭に遊ぶものの多い事には驚いた。昼間遊郭をひやかし廻るものの半数以上は実に陸軍の下士兵卒であつた事である。

こうした真面目な「倫理学」論文を評価することは教育総監部でもむずかしかったようだが、鈴木中尉を東京帝国大学派遣学生に推す支持者がいたことはまちがいない。この「人格と道徳生活」が卒業論文のはずだが、『日本大学哲学科七〇年の歩み』に第二回卒業生として鈴木庫三の名前はあるものの、卒論題目は空欄になっている。一方で初期卒論の梗概を集めた『日本大学文学科研究年報』第一輯（一九三五年）には、「人格と道徳生活」の一部を切り出した鈴木庫三「建軍の本義」が収録されている。

一九二八年五月に鈴木中尉は日本大学文学部を首席卒業するが、同一二月には日本大学文学部倫理教育学研究室助手に採用されている。翌一九二九年一月に次年度の帝大派遣が見送られたことが判明すると、鈴木中尉はいったんは軍隊生活に見切りをつけ、教職への転身を考えている。一九二九年一月五日の日記にこうある。

軍人であり乍《なが》ら政治的、兵科的な気分の下に人選する陸軍省末輩のする仕事をあてにして居つては、遂に一生を過《あやま》つ様な事が生れはせぬかと思はれる。茲《ここ》で独立独行的に決心断行せねばならぬ時が来た。

教員への転職を考えていたことは「修身及教育に関して師範学校、中学校、高等女学校の教員免許状が下つた」と日記に記載していることでもわかる。こうした鈴木中尉の軍内での境遇を察した日本大学の渡辺徹教授は鈴木助手に大学院入りして研究者を目指すことを勧めている。運命のいたずらと言うべきか、鈴木中尉が日本大学大学院に進学した翌年、陸軍派遣学生として東京帝国大学文学部での研究を認める決定が下った。鈴木中尉はすでに日本大学倫理教育学科でも吉田静致教授をはじめ東京帝大文学部倫理学講座のスタッフの授業を受けており、東京帝大は不慣れな派遣先ではなかった。三年間の東京帝大生活で、倫理学講座、教育学講座の教員、学生たちとの多様なネットワークを構築してゆくことになる。かくして、のちに情報官・鈴木庫三として言論統制に辣腕を振るい得る背景が生まれることになる。

当然ながら吉田静致名誉教授に捧げられた「国防国家と思想」では、この東京帝大派遣学生時代を中心に回想されており、帝大派遣学生グループ「山水会」や革新的将校グループ「桜会」などの活動が記述されている。「桜会」については後述するが、それに比べてあまり注目されてこ

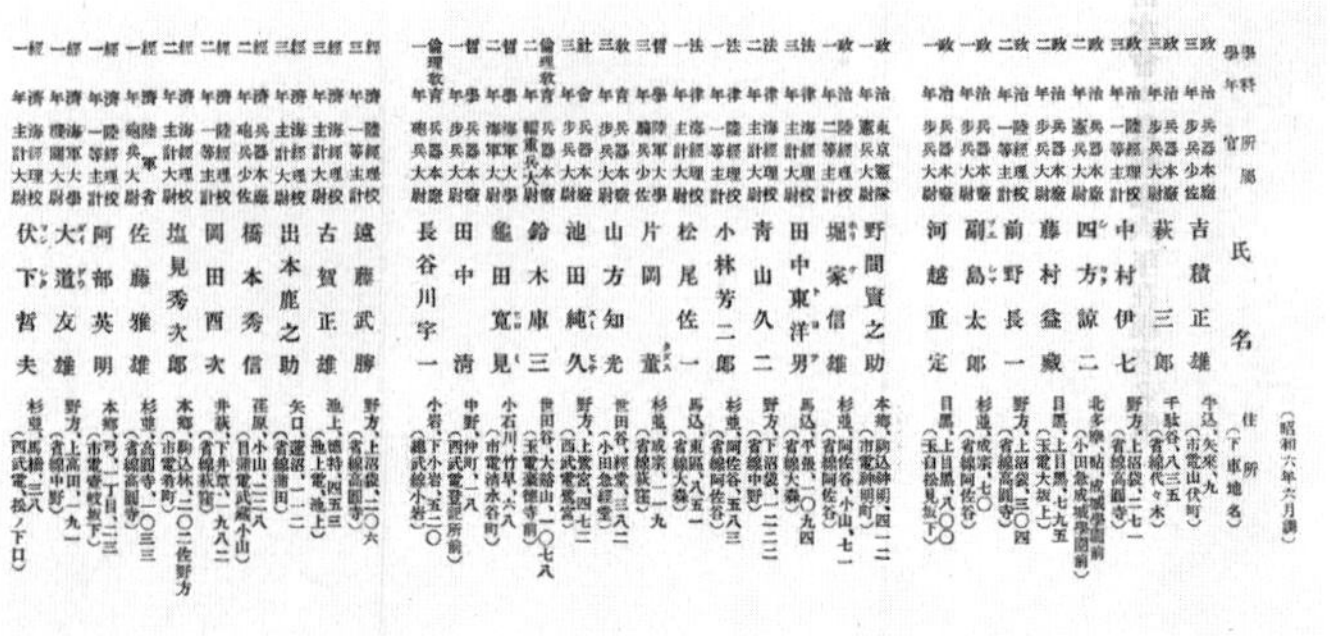

（昭和六年六月調）

学科学年	所属官	氏名	住所（下車地名）
政三年	兵器本廠 歩兵少佐	吉積正雄	牛込、矢来、九（市電山伏町）
政三年	兵器本廠 歩兵大尉	萩三郎	千駄谷、八三五（省線代々木）
政三年	陸経理校 一等主計	中村伊七	野方、上沼袋、二七一（省線高圓寺）
政二年	兵器本廠 憲兵大尉	四方諒二	北多摩、砧、成城学園前（小田急成城学園前）
政二年	兵器本廠 歩兵大尉	藤村益藏	目黒、上目黒、七九五（玉電大坂上）
政二年	陸経理校 一等主計	前野長一	野方、上沼袋、三〇四（省線高圓寺）
政一年	兵器本廠 歩兵大尉	副島太郎	杉並、成宗、七〇（省線阿佐谷）
政一年	兵器本廠 歩兵大尉	河越重定	目黒、上目黒、八〇〇（玉自松見坂下）
政一年	東京憲兵隊 憲兵大尉	野間賢之助	本郷、駒込神明、四一二（市電神明町）
政一年	陸経理校 二等主計	堀家信雄	杉並、阿佐谷、小山、七一（省線阿佐谷）
法三年	海経理校 主計大尉	田中東洋男	馬込、平張、一〇九四（省線大森）
法二年	海経理校 主計大尉	青山久二	野方、下沼袋、一二二二（省線中野）
法一年	陸経理校 一等主計	小林芳二郎	杉並、阿佐谷、五八三（省線阿佐谷）
法一年	海経理校 主計大尉	松尾佐一	馬込、東區、八五一（省線大森）
哲三年	陸軍大学 騎兵少佐	片岡董	杉並、成宗、一一九（省線荻窪）
教三年	兵器本廠 歩兵大尉	山方知光	世田谷、経堂、三八二（小田急経堂）
社三年	兵器本廠 歩兵大尉	池田純久	野方、上鷺宮、四七二（西武電鷺宮）
倫理教育二年	兵器本廠 輜重兵大尉	鈴木庫三	世田谷、大蔵山、一〇七八（玉電豪徳寺前）
哲二年	海軍大学 海軍大尉	龜田寛見	小石川、竹早、六八（市電清水谷町）
哲一年	兵器本廠 歩兵大尉	田中清	中野、仲町、一八（西武電登記所前）
倫理教育一年	兵器本廠 砲兵大尉	長谷川宇一	小岩、下小岩、五二〇（総武線小岩）
経三年	陸経理校 一等主計	遠藤武勝	野方、上沼袋、二〇六（省線高圓寺）
経三年	海経理校 主計大尉	古賀正雄	池上、徳持、四五三（池上電、池上）
経三年	海経理校 主計大尉	出本鹿之助	矢口、蓮沼、一一二（省線蒲田）
経二年	兵器本廠 砲兵少佐	橋本秀信	荏原、小山、三三八（目蒲電武蔵小山）
経二年	陸経理校 一等主計	岡田酉次	井荻、下井草、一九八二（省線荻窪）
経二年	海経理校 主計大尉	塩見秀次郎	本郷、駒込林、二〇二佐野方（市電肴町）
経一年	陸軍省 砲兵大尉	佐藤雅雄	杉並、高圓寺、一〇三三（省線高圓寺）
経一年	陸経理校 一等主計	阿部英明	本郷、弓、一丁目、二三（市電壱岐坂下）
経一年	海軍大学 機関大尉	大道友雄	野方、上高田、一九一（省線中野）
経一年	海経理校 主計大尉	伏下哲夫	杉並、馬橋、三八（西武電、松ノ下口）

図１　山水会会員在学者名簿　昭和６年

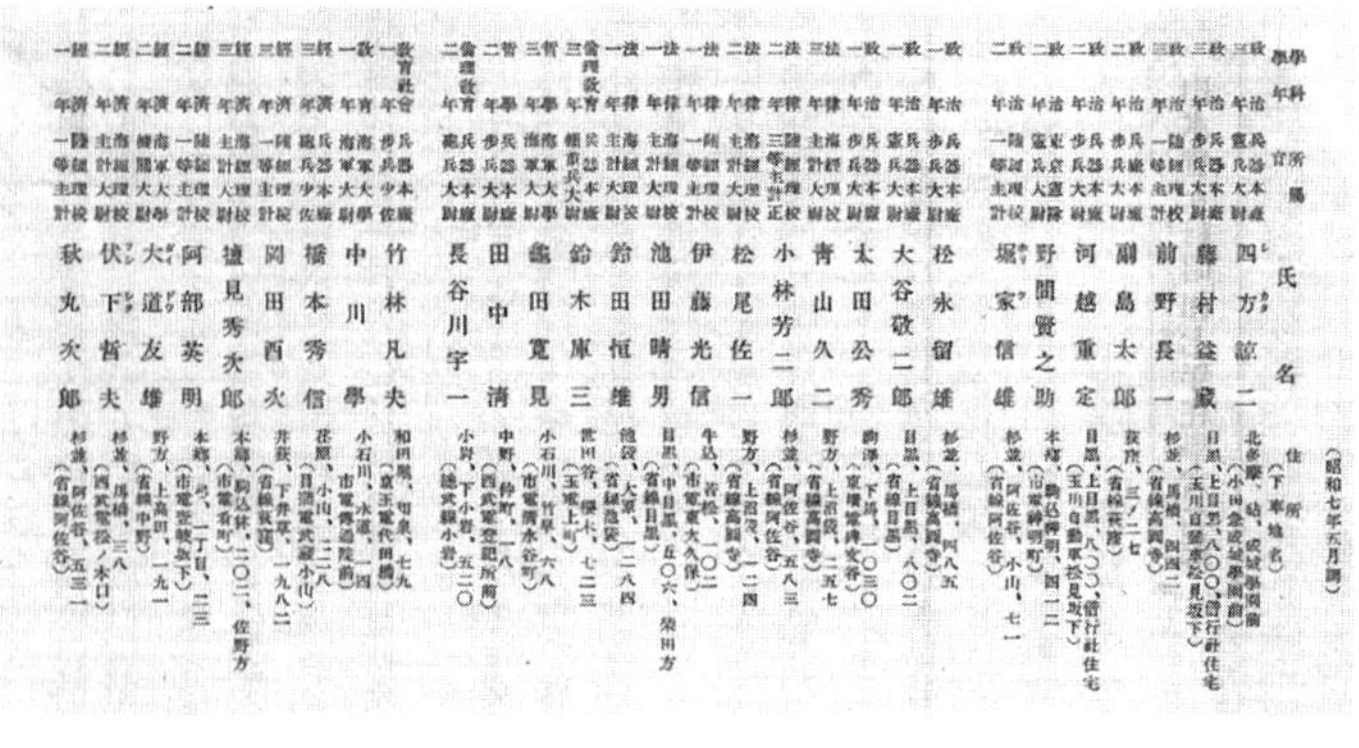

（昭和七年五月調）

学科学年	所属官	氏名	住所（下車地名）
政三年	兵器本廠 憲兵大尉	四方諒二	北多摩、砧、成城学園前（小田急成城学園前）
政三年	兵器本廠 歩兵大尉	藤村益藏	目黒、上目黒、八〇〇、偕行社住宅（玉川自動車松見坂下）
政三年	陸経理校 一等主計	前野長一	杉並、馬橋、四四二（省線高圓寺）
政二年	兵器本廠 歩兵大尉	副島太郎	荻窪、三ノ二七（省線荻窪）
政二年	兵器本廠 歩兵大尉	河越重定	目黒、上目黒、八〇〇、偕行社住宅（玉川自動車松見坂下）
政二年	東京憲兵隊 憲兵大尉	野間賢之助	本郷、駒込神明、四一二（市電神明町）
政二年	陸経理校 一等主計	堀家信雄	杉並、阿佐谷、小山、七一（省線阿佐谷）
政一年	兵器本廠 歩兵大尉	松永留雄	杉並、馬橋、四八五（省線高圓寺）
政一年	兵器本廠 憲兵大尉	大谷敬二郎	目黒、上目黒、八〇二（省線目黒）
政一年	兵器本廠 歩兵大尉	太田公秀	駒沢、下馬、一〇三〇（東横線碑文谷）
法三年	海経理校 主計大尉	青山久二	野方、上沼袋、二五七（省線高圓寺）
法二年	陸経理校 三等主計正	小林芳二郎	杉並、阿佐谷、五八三（省線阿佐谷）
法二年	海経理校 主計大尉	松尾佐一	野方、上沼袋、一二二四（省線高圓寺）
法一年	陸経理校 一等主計	伊藤光信	牛込、若松、一〇二（市電東大久保）
法一年	海経理校 主計大尉	池田晴男	目黒、中目黒、五〇六、柴田方（省線目黒）
法一年	海経理校 主計大尉	鈴田恒雄	池袋、大原、一二八四（省線池袋）
倫理教育三年	兵器本廠 輜重兵大尉	鈴木庫三	世田谷、櫻木、七二三（玉電上町）
哲三年	海軍大学 海軍大尉	龜田寛見	小石川、竹早、六八（市電清水谷町）
哲二年	兵器本廠 歩兵大尉	田中清	中野、仲町、一八（西武電登記所前）
倫理教育二年	兵器本廠 砲兵大尉	長谷川宇一	小岩、下小岩、五二〇（総武線小岩）
教育社会一年	兵器本廠 歩兵少佐	竹林凡夫	和田堀、和泉、七九（京王電代田橋）
教育一年	海軍大学 海軍大尉	中川學	小石川、水道、一四（市電傳通院前）
経三年	兵器本廠 砲兵少佐	橋本秀信	荏原、小山、二二八（目蒲電武蔵小山）
経三年	陸経理校 一等主計	岡田酉次	井荻、下井草、一九八二（省線荻窪）
経三年	海経理校 主計大尉	塩見秀次郎	本郷、駒込林、二〇二、佐野方（市電肴町）
経二年	陸経理校 一等主計	阿部英明	本郷、弓、一丁目、二三（市電壱岐坂下）
経二年	海軍大学 機関大尉	大道友雄	野方、上高田、一九一（省線中野）
経二年	海経理校 主計大尉	伏下哲夫	杉並、馬橋、三八（西武電松ノ木口）
経一年	陸経理校 一等主計	秋丸次郎	杉並、阿佐谷、五三一（省線阿佐谷）

図２　山水会会員在学者名簿　昭和７年

なかった組織が「山水会」だろう。東京帝国大学の文系学部に派遣された陸軍、海軍双方の将校によって組織され定期的に会合を開いていたようだが、その設立経緯や活動内容については今後の研究が待たれるところである。鈴木庫三が残した昭和六年六月（図１）と昭和七年五月（図２）の名簿を史料として挙げておきたい。

　鈴木中尉と同期に陸軍から派遣された三人は、法学部の四方諒二憲兵大尉（陸士二九期）、藤村益蔵歩兵大尉（陸士三〇期・陸大三九期）、経済学部の橋本秀信砲兵大尉（陸士二七期・陸大三六期）である。四方は中支派遣憲兵隊司令官として、藤村は四国軍管区参謀長として少将、橋本は教導飛行師団長として中将まで昇進しており、彼らが陸軍内でエリート・コースを歩んだことは明らかである。鈴木中尉は陸大出の藤村、橋本よりも、東京外国語学校陸軍派遣学生（ドイツ語科修了）の四方と親しく、入学後も自宅を相互訪問している。

彼らは総力戦体制下で台頭した行政能力を有する軍部官僚であり、知識人と互角に渡り合える存在だった。その代表格は鈴木中尉より一年早く経済学部に派遣されていた池田純久歩兵大尉（陸士二八期・陸大三六期）である。鈴木日記に頻出するのは、池田純久歩兵大尉、同期の四方憲兵大尉、さらに一年遅れて社会学講座に入る田中清歩兵大尉（陸士二九期・陸大三七期）である。鈴木中尉の場合、軍務局長からの訓令には「軍隊教育に資する目的を以て、教育学及倫理学を研究すべし」（一九三〇年三月二二日の日記）とあり、東京帝大文学部では倫理学研究室助手の木村伊勢雄、教育学研究室助手の伏見猛彌の二人から履修指導を受けている。しかし鈴木自身の問題関心が倫理道徳から教育科学に移ったことは、一九三〇年と一九三一年の時間割（表1）を比較すれば明らかである。人文学志向の上段（一九三〇年）から社会科学志向の下段（一九三一年）へ向けた変化が一目瞭然である。特に講義より演習の変化である。東京帝大入学の一九三〇年は木曜三限の倫理学演習（深作安文）だが、翌三一年は月曜二限の教育学演習（阿部重孝）である。同時に鈴木中尉は日本大学文学部倫理教育学研究室の助手として演習に出席し、日本大学高等師範部の外書講読（倫理学概論）の講師を自ら担当していた。この過密なスケジュールの中で派遣一年目の夏休みを利用して大学院提出論文「国家生活の倫理学的研究」の執筆を開始している。

月	教育史（林博太郎）	倫理学（吉田静致）	神道概論（田中義能）	教育学演習（伏見猛彌）
	階級研究（松本潤一郎）	教育学演習（阿部重孝）	現代心理学（城戸幡太郎）	同上
火	教授法（春山作樹）	哲学概論（伊藤吉之助）	日本倫理学（深作安文）	独逸語（三浦権之助）
	ヘレニズム哲学（出隆）	哲学概論（伊藤吉之助）	哲学史（桑木厳翼）	同上
水	仏教倫理（宇野哲人）	陶冶方法論（吉田熊次）	独逸倫理学（長屋喜一）	倫理学演習（佐々木英夫）
	教育学演習（吉田熊次）	社会政策Ｉ（河合栄治郎）	英米哲学（大島正徳）	同上
木	教育学概論（吉田熊次）	社会学概論（戸田貞三）	倫理学演習（深作安文）	倫理学演習（吉田静致）
	各科教授論（吉田熊次）	心理学原論（桑田芳蔵）	美学概論（大西克禮）	同上
金	教育学（阿部重孝）	実験心理学（増田惟茂）	社会思想研究（深作安文）	倫理学演習（長尾喜一）
	社会意識論（綿貫哲雄）	社会政策Ⅱ（河合栄治郎）	現代哲学の諸問題（伊藤吉之助）	同上
土	西洋哲学史（出隆）	史学概論（今井登志喜）		

表１　東京帝大派遣学生・鈴木庫三の1930年／1931年時間割（上段／下段＝1930年／1931年、右端は日本大学大学院の夜間演習）

その一方、陸軍内の国家改造運動は急速に動きはじめた。鈴木の帝大派遣から半年後の一九三〇年九月、参謀本部ロシア班の橋本欣五郎中佐は、陸軍省・参謀本部に勤務する中堅将校を糾合して昭和維新を目指す「桜会」を結成している。桜会は軍人の政治関与を公然と主張してクーデター未遂の三月事件や一〇月事件に関与した組織である。この回顧録で興味深いのは「さくら」会の結成の契機をキャッスル事件としていることである（一九三頁）。キャッスル事件は一九三〇年ロンドン海軍軍縮会議にまつわる政治スキャンダル報道である。軍縮会議の報道で日本海軍が強く主張する「対米英七割」を当初は支持していた『朝日新聞』『東京日日新聞』『時事新報』などが日本政府の妥協案受け入れと同時に論調を変えた背景に、駐日アメリカ大使ウィリアム・R・キャッスルによる新聞買収工作があったとするデマ報道である（とりあえずは、拙著『流言のメディア史』岩波新書・二〇一九年を参照）。

鈴木の回顧録では桜会の合法的活動、すなわち吉田静致教授を招いて偕行社で行われた勉強会などの世話人として果たした役割が記述されている。「鈴木日記」における「桜会」初出は一九三一年六月三〇日である。

午後五時から偕行社で桜会が開かれた。僕も同期の田中弥大尉から招かれて出席した。何れも現代社会の堕落を憤慨して集つた憂国の士の修養団体ではあるが、少しく感情に走つて冷静を欠いて居る様な空気もないではない。又中には小事に慨して大事に目の届かない人もある様だ。

鈴木を誘った田中弥大尉は当時、参謀本部で橋本欣五郎中佐のロシア班におり、桜会幹事を務めていた。この記述からは、外部から冷静に観察して桜会の性格を見極めようとする姿勢が窺える。その上で、青年将校を盛んに料亭に招いて煽動する結社の宴会スタイルに違和感を覚えたようだ。鈴木大尉にとっては勉強の方が重要だったのだろう。四日後の七月三日の日記を引用する。

今日も河合［栄治郎］教授の社会政策のみあつた。午後から用務あつて田中清大尉と同時に陸軍省の調査班を訪れた。五時から日大で勉強した。

田中清大尉（少佐昇進は翌年）は村中孝次・磯部浅一『粛軍に関する意見書』の附録「〇〇少佐「所謂十月事件ニ関スル手記」」を書いた〇〇少佐である。その用務は三日後の七月六日に開かれた桜会の研究会の打ち合わせであったはずである。研究会当日の日記である。

午後三時迄自宅で勉強した。午後五時から吉田静致博士を招待して陸軍有志の座談会が偕行社で行はれた。我国の時局を慮り何とかして一億の民族が活きて行く活路を見出さんとする有志の集りであつたが、中々立派な方策を見出すことは容易ではない。午後［〇］時頃迄念入りに談じて解散した。

鈴木自身も「立派な方策を見出すことは容易ではない」と総括している。鈴木大尉が日を置かずして会合した「二人の田中大尉」は、「桜会」分裂後の反「皇道派」の二潮流を代表している。未遂に終わった一〇月事件の後、参謀本部の田中弥は橋本中佐とともに「清軍派」にとどまり、陸軍省の田中清は永田鉄山の下で「統制派」に数えられた。こうした政治運動の近くにいながらも、鈴木大尉が桜会の政治運動に没入しなかった理由の一つには、大学院論文の執筆を抱えていたこともあるだろう。

日本大学大学院に提出された「国家生活の倫理学的研究」（一九三二年九月完成）の研究計画が残されている。この四〇〇字詰め原稿用紙で一一〇〇枚に及ぶ大論文は、第二篇「国家の倫理的基礎」、第三篇「国家生活に於ける人格の開展」、第四篇「国民の道徳生活」、第五篇「真の愛国主義」、附録として『皇軍の倫理的研究』（陸軍省「調査彙報号外」一九三二年八月）からなり、積みあげれば二〇センチを超える。「第二篇」から始まるのは、鈴木中尉の研究構想では卒業論文「人格と道徳生活」の続篇だったためだろう。結語では吉田倫理学の「特殊即普遍主義」を使って「真の愛国主義」を次のように表現している。

> 特殊即普遍的なる道徳的国家は、有ゆる形態の社会の中にて最もよく斯の如き要求に合する全体社会にして、そは現代に於て然るのみならず、将来に於ても亦然るべきものたるは国家を構成する人格の特質に照して明である。故に人間は先づ国家の価値関聯に投じ、各自の人格を開展充実して精神的に国家と同一体的なる人格に成長すると同時に、国民道徳の要求を実践しつゝ国家生活に精進し、自律的に国家に服従し、権利を享有して之を道徳的に活用し、積極的に義務を遂行し、精神的たると肉体的たるとを論ぜず労働能力を発揮して全体としての国家機能を分担し、無為徒食の背徳に堕落することを戒めて職業に従事し、社会連帯の精神に覚醒して国家の盛衰を己が双肩に担ひ、不幸なる同胞の人格を救済し、真の愛国主義に立脚する国家生活を通じて世界全人類共同の価値活動に参与し、兵役又は国防の義務に服し、自国の国家国民の道徳的なる価値活動の安全のみならず同時に世界全人類のそれをも保障し、人道を擁護して世界に徳を施し、以て個人間・団体間・階級間・其の他の間に蟠る悲むべき道徳的故障を一掃し、我と他と国家の三者同一体的なる人格の価値的存続発展を完うすると同時に世界列国全人類の一大洽善《こうぜん》に寄与せねばならない。蓋し斯の如きは特殊即普

遍主義の真精神を発揮して人格特有の価値的生活を完うするものにして、結局倫理的なる国家生活を通じて最も理想的に人生の意義を充足する所以に外ならない。（完）

昭和六年九月六日、於東京府下豪徳寺前

擱筆の一九三一年九月六日は満洲事変勃発の約二週間前である。十分に推敲された文章とは言えないが、鈴木庫三の国家道徳論が集約されている。続く頁に「使用参考書」が列挙されている。洋書一六冊中、ドイツ語はカントの *Kritik der praktischen Vernunft*（『実践理性批判』）、*Grundlegung zur Metaphysik der Sitten*（『人倫の形而上学の基礎づけ』）、ニコライ・ハルトマンの *Ethik*（『倫理学』）の三冊であり、他は英語である。和書三一冊中、恩師では吉田静致が『道徳の原理』ほか四冊、同じく吉田熊次が『教育学概論』ほか三冊と多いが、むしろ目を引くのは美濃部達吉『憲法撮要』であり河合栄治郎『社会政策原理』である。前者は四年後の一九三五年天皇機関説事件で、後者は七年後の一九三八年に危険思想を含む著作として発禁になっている。こうした美濃部、河合の著作を愛読した鈴木庫三が、戦後は「出版ファッショ化の張本人」として糾弾されたわけであり、歴史の皮肉を思わずにはいられない。

「鈴木日記」によれば一九三二年九月一七日、満洲国承認の翌々日にこの大学院論文「国家生活の倫理学的研究」の清書も完成している。それから三か月後、一二月一二日にこの論文は陸軍省軍事課に提出され、調査班の秋山義隆中佐が審査した。翌一九三三年一〇月一九日の日記からは、出版計画が具体化していたことも窺える。

約一か年以上もかゝつてやつと論文の審査が終り、藤村〔益蔵〕少佐の骨折で〔荒木貞夫〕陸軍大臣の題字を書いてもらつた。『國体の精華』と題した。調査班の満井〔佐吉〕中佐が骨折つて千倉書房を招いて出版の相談をしてくれた。

この原稿には東京帝国大学文学部倫理学講座の吉田静致、深作安文両教授による直筆の序文を綴じた冊子も添えられている。吉田教授の序文は次のように結ばれている。

私は著者が日本大学の学生たりし時から東京帝国大学文学部に入りて学ぶるゝに至るまで著者から先生と呼ばるゝ関係を多年続けて来て居り、親厚なる交際を結んで居る。そして著者は私の持論たる特殊即普遍主義には少からざる共鳴を感ぜられ、本書に於ては此主義が其基礎をなして居るやうに思はれる。されば本書の公けにさるゝに当り私は他人事ならぬ喜悦を切実に感ぜずに居れぬのであつて、茲に一言を序せざるを得ない次第である。

昭和七年十二月十日　東京帝国大学倫理学研究室にて　吉田静致識

しかし、この原稿は未刊のまま残された。その理由はいくつか考えられる。最大の理由は、吉田静致教授の帝大退官とともに鈴木が依拠した吉田倫理学の社会的需要がなくなったことだろう。実際、一世を風靡した吉田倫理学の「同円異中心主義」を今日知る者はほとんどいない。一九三四年四月、吉田の後任教授・和辻哲郎の『人間の学としての倫理学』によって、倫理学界の景色は一変してしまった。そうした状況の中で、「同円異中心主義」に全面的に依拠した大著の出版は、千倉書房ならずとも二の足を踏んだはずである。また、すでに述べたように倫理学から教育学へ関心を移していた鈴木大尉も、この倫理学論文の公刊に固執しなかったにちがいない。教育を通じた社会改革という実践的な目標を鈴木大尉は見出したのである。実際、最初の公刊著作は帝大派遣の最終年度に着手した『軍隊教育学概論』（目黒書店・一九三六年）である。当然ながら、そこに序を寄せたのは倫理学講座教授の吉田静致・深作安文ではなく、教育学講座教授の吉田熊次・阿部重孝だった。教育制度の階級性、不平等性を打破する「教育国家の建設」は、鈴木庫三と阿部重孝の共通の目標であった。阿部は次の序文を寄せている。

鈴木君の東京帝大文学部に於ける三年の生活は、真に真剣な研究生活であつた。私は君の研究生活に対して貢献する所があつたとは考へないが、無遠慮に、率直に、君と教育を語合つた多くの愉快な思出をもつてゐる。君が三年の研究生活を終つて原隊に帰られるに際して、君に軍隊教育学の建設をすゝめた者の一つは私であつた。（略）従来の教育学は、その所謂理論的体系が堂々たるにも拘らず、余りに一般的抽象的であつて、実際教育問題の解決といふ見地から見ると甚だ物足りないものであつた。従つて一般教育学の理論を、極めて実際的な軍隊教育の各項目に翻訳することは、決して容易のことではない。而も軍務の余暇にこの難事業をなし遂げたことは、驚嘆に値する事柄であり、学徒としての鈴木君の面目の一端を示すものである。

こうして満洲事変以後、鈴木庫三は「非常時日本」で軍隊教育学の専門家としてその地歩を固めた。もはや師範学校教師の道を探る必要もなくなり、帝大派遣後も併任していた日本大学助手も満洲事変の三か月後、一九三一年一二月一日に辞職していた。

上海事変の停戦協定が調印された翌々日、一九三二年五月七日、鈴木大尉は陸軍省の片岡董《ただす》騎兵少佐（陸士二七期・陸大三七期）から「皇軍の国体論」について執筆をもちかけられている。片岡も「山水会」メンバーで、前年まで東大法学部政治学科に派遣されていた。さらに一週間後の五月一三日には陸軍省軍務局で村上啓作歩兵中佐（陸士二二期・陸大二八期）と「皇軍に関する研究」に関して意見交換をしている。犬養毅首相が暗殺された五・一五事件の勃発は、まさに鈴木大尉が自宅で皇軍に関する論文を執筆していた最中であった。さっそく「不祥事件善後策に就て骨子」を立案して、陸軍省軍事課に提出している。その結果、陸軍省軍事課調査班長の坂田義朗歩兵中佐（陸士二一期・陸大三一期）から全国の軍隊学校等に分配するための原稿を依頼されている。鈴木大尉を坂田中佐に引き合わせたのは、同じく帝大派遣学生だった田中清大尉である。鈴木大尉が最初に手がけた陸軍パンフレット『皇軍の倫理的研究』（「調査彙報号外」八月）は、こうして執筆が開始された。鈴木は後年、次のように回想している。「之が小冊子となつて配布された時には相当の反響があつた」というのだが、筆者は「某将校」と匿名化されており、無念の思いもあったのだろう。鈴木が手元に残した冊子（図3）では、「はしがき」に大きく×が加えられ、著者名として「陸軍輜重大尉・文学士　鈴木庫三」と自筆している。

この『皇軍の倫理的研究』も大学院論文「国家生活の倫理学的研究」の一部を利用した内容であり、恩師・吉田静致が唱えた「同円異中心主義」が応用されている。その後「国軍」に代わって「皇軍」という名称が流布する上で、このパンフレットも一役買ったことは間違いない。

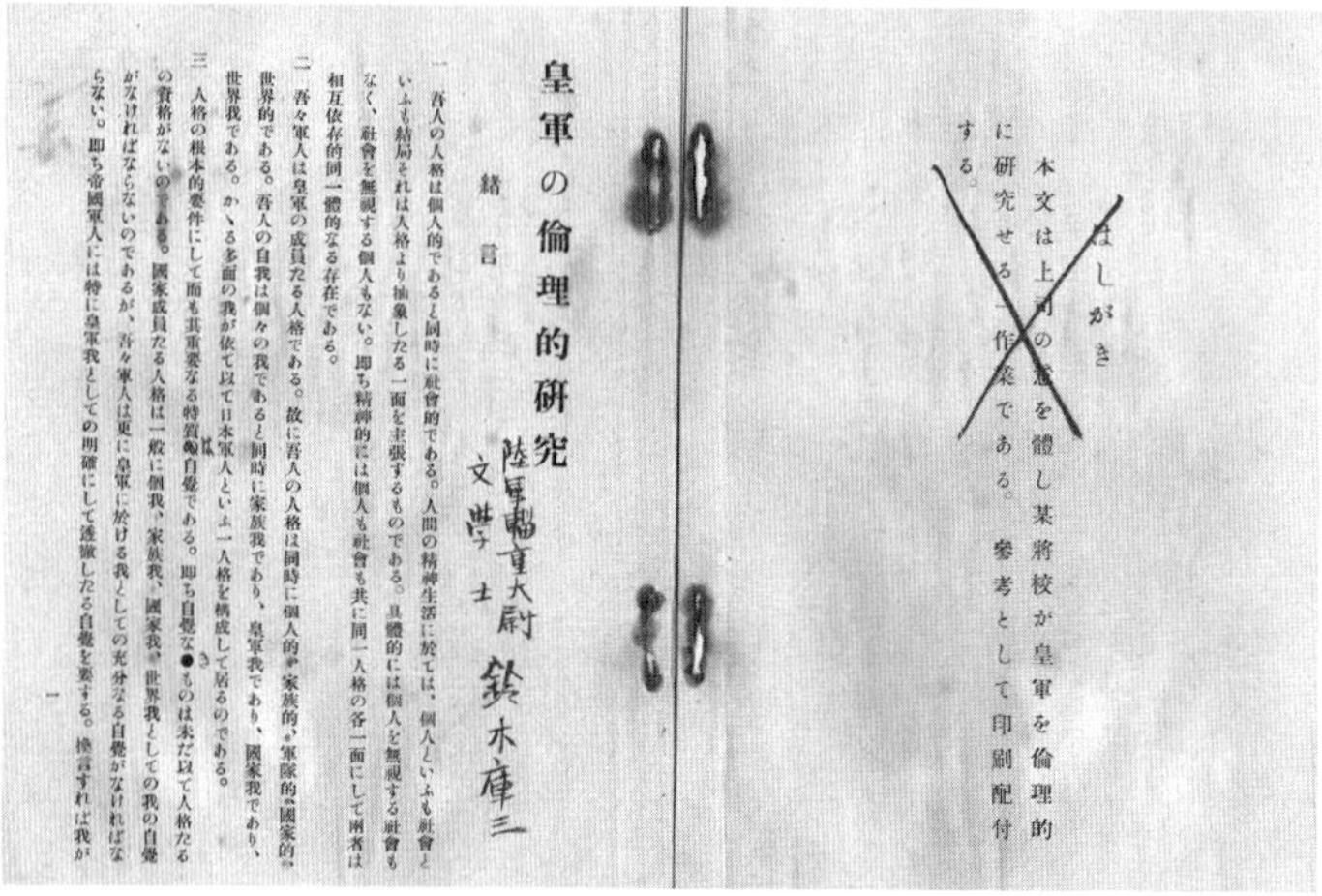
はしがき

本文は上司の意を體し某將校が皇軍を倫理的に研究せる一作案である。參考として印刷配付する。

皇軍の倫理的研究

陸軍輜重大尉 文學士 鈴木庫三

緒言

一 吾人の人格は個人的であると同時に社會的である。人間の精神生活に於ては、個人といふも社會といふも結局それは人格より抽象したる一面を主張するものである。具體的には個人を無視する社會もなく、社會を無視する個人もない。即ち精神的には個人も社會も共に同一人格の各一面にして兩者は相互依存的同一體的なる存在である。

二 吾々軍人は皇軍の成員たる人格である。故に吾人の人格は同時に個人的、家族的、軍隊的、國家的、世界的である。吾人の自我は個々の我であると同時に家族我であり、皇軍我であり、國家我であり、世界我である。かゝる多面の我が依て以て日本軍人といふ一人格を構成して居るのである。

三 人格の根本的要件にして而も其重要なる特質は自覺である。即ち自覺な●ものは未だ以て人格たるの資格がないのである。國家成員たる人格は一般に個我、家族我、國家我、世界我としての我の自覺がなければならないのであるが、吾々軍人は更に皇軍に於ける我としての充分なる自覺がなければならない。即ち帝國軍人には特に皇軍我としての明確にして透徹したる自覺を要する。換言すれば我が

一

図3

第四節「我が国の国防国家」で登場する執筆論文としては「満洲事変と農村問題」がある（一九六頁）。これも田中清大尉を介した依頼である。そもそも五・一五事件被告へ大衆世論の同情が集った背景には、深刻な農村問題が存在していた。このとき変電所を襲撃したのは、鈴木庫三のふるさと茨城県の愛郷塾塾生たちであった。一九三二年六月二〇日、調査班長の坂田中佐から正式に『農村問題と満蒙問題』の執筆を依頼され、鈴木大尉は農村問題の解決を満洲移民に求める国策案を提出した。この陸軍パンフレット『農村問題と満蒙問題』は、回顧録に要約されている通りである（一九七－一九八頁）。

しかし、鈴木論文の「移民一千万人・国庫補助二十億円」という数字に陸軍省は驚き、「誇大妄想狂だといふ悪評さへも起つた」と鈴木日記は記録している。ちなみに、日本の一九三二年次国家予算（歳出・決算額）は一九億五〇一四万円であり、満洲国の国家予算は一億一一三三万円である。

なるほど国庫補助二〇億円は度肝を抜く数字である。そのため、陸軍省からではなく在郷軍人会から出版された。帝国在郷軍人会本部編『農村問題と満蒙問題』（帝国在郷軍人会本部・一九三二年七月）である。

陸軍省内で「悪評」があったとしても、この大胆な満洲移民計画が評判になったことは確かである。この論文を契機として鈴木大尉には各方面から講演や原稿の依頼が殺到している。その一つは、吉田熊次教授から求められた『教育思潮研究』への寄稿である。

［一九三二年六月二日］午後三時半から「満蒙問題と国民教育」について教育雑誌研究会で発表した。吉田先生から『教育思潮研究』へ出すべき原稿を書いてくれとの事であるが、他の研究か或は論文が忙《せ》はしい最中に果たして出来るだろうか？

『教育思潮研究』に鈴木庫三論文「軍隊教育の特色と軍隊教育学の成立」が掲載されたのは、その二年後、一九三四年五月号である。同年三月に吉田熊次は帝大を退官して、九月から国民精神文化研究所の研究部長に就任している。この鈴木論文が掲載された『教育思潮研究』第八巻第二輯（一九三四年五月号）は「吉田熊次博士還暦記念号」であり、東京帝大で吉田熊次の薫陶を受けた教授陣が論文を並べている。その末席に鈴木論文は加えられたわけであるが、鈴木が直接指導を受けた教官の論文タイトルのみ挙げておこう。吉田熊次教授「余の六十年」、入澤宗壽教授「日本精神への思慕」、阿部重孝助教授「中学校教員に関する考察」、上村福幸助教授「クリークの国民的教育論の特質」、伏見猛彌講師「現代独逸に於ける教育目的論の諸相」、海後宗臣助手

「《国教》思想と国民教育」である。教育学研究室の「非常時」対応は素早かった。その前号の巻頭は吉田熊次「教育上に於けるファシズム」であり、次々号の巻頭も同じく吉田熊次「ナチスの教育理論と教育運動」だった。鈴木が「国防国家と思想」において教育国家のモデルとしたナチ教育体制は、こうした東京帝国大学教育学研究室の先行研究を参照してまとめられている。

第四節の「(三)支那事変と国防国家」で登場する論文「国防国家建設の提唱」(一九四〇年一月)については、「此の論文の発表は都合により取り止めとなつた」(二〇二頁)とある。しかし、その内容については、一九四〇年の大晦日、万感の思いが日記に綴られている。

今年は極めて忙はしい年だつた。然し自分が一月上旬に書いた論文、「国防国家建設の提唱」は歴史的なものだ。その論文の理念によつて国家は今動いて居る。二千六百年の光輝ある歴史を飾る論文と言ふてもよい。事情あつて之は公にされなかつたが講演では盛に宣伝した。又独伊の国防国家論と共に日本の進路を説いて歩いたのが俄然輿論となつた。年末近くなつてから余の監修で『世界再建と国防国家の建設』といふ論文を朝日新聞から公にした。これが大好評。続いて余の著述で『教育の国防国家』と云ふ書を公にした。これは目黒書店から出したのだが、教育界に大好評。近く『国防国家と青年』といふ書を公にすべく準備中である。其他雑誌によつて宣伝した国防国家論は枚挙に遑がない。要するに国防国家論の本家本基が鈴木少佐といふことになつた。これは何うしても日本歴史、就中昭和維新史の一枚に基[付]らるべき問題だ。今後益々活躍せねばならぬ。十二月六日には情報局が出来、余は情報局情報官高等官五等で武官のまゝ文官になることになつた。ここでまた雑誌や出版物を指導して思想戦の陣頭に立つことになつた。出版文化協会は余が主任になつて監督することになつた。日本の出版界を左右し同時に思想戦を指導する重任を負はされた。

　幼少の頃、母が「我の子には末の方で国家の重要な仕事をする子がある」と幾度となく言つた。それは誰れだらうと何時も言つて居たが、何とか其の本人が余にある様な気がする。然し今は父母は現在《ママ》しない。定めし天にあつて見守つてくれるだらう。

書かれなかった、もう一つの「思出記」――「言論統制の思ひ出」

本書では自叙伝「思出記」と回顧録「国防国家と思想」の二つを収載したが、読者が抱く感想と同じく、私もまた鈴木庫三が言論統制を行った情報官時代のエゴ・ドキュメントを読みたいと思った。実際、鈴木庫三も敗戦後、一度は書こうとしたようである。

　敗戦後、熊本県で農作業に従事していた鈴木庫三は、自らをモデルとした言論弾圧者「佐々木少佐」が登場する石川達三『風にそよぐ葦』を読んでいた。鈴木庫三の実名を挙げて糾弾する「『風にそよぐ葦』のモデルについて」を収めた黒田秀俊『血ぬられた言論』（学風書院・一九五一年）も、鈴木は発売直後の一一月二二日に読み始めている。ちょうど、「思出記」にも登場する恩師・梅地慎三が熊本の鈴木家を訪問していた。


　［梅地先生と］元の岸［信介］商工大臣、安倍［源基］内務大臣等追放解除後の再起の話にも及んだが、言論界に於ける私の情報局時代の印象はあまりにも強く残つてゐるので、岸、安

倍両氏などゝ名を連ねて日本再建の青年教育などに乗り出すと誤解され、又反対派の政治的謀略に利用される危険があると警告をされてゐた。やはり陰の人として働いて時を待つか、無難の方向（例へば宗教方面）に行くより外はあるまいと思つた。

その翌日も梅地先生を熊本駅まで送ってから『血ぬられた言論』を一気に読了し、翌二三日の日記には次のように綴っている。

　情報局時代の私のことも次々に書かれてあるのが出てくるので、あの時代の苦しい愛国的な活動が甦つて来る。誤れる為政者がなすべからざる冒険を敢えてするに至つたあの世相、如何に自分が勝算のない戦争に反対であらうと其の意見も用ゐられずに宣戦の詔勅にまで及んだ今日、軍人の道徳を生きて実践するためには一切を白紙にして命がけで少しでも戦力の出る様に働かねばならぬ立場に置かれた武人として当然の行為であつたが、結果から見て批判する人は勝てば官軍の古諺《こげん》の範疇外に出ることはできまい。

その一〇日後の日記には、彼らへの反論として『言論統制の思ひ出』を執筆しようか思い悩み、「感情が高まつて来て、殆んど眠れなかつた」とある。結局、その回顧録は書かれることがなかった。

公職追放が解除された後、鈴木庫三は一九五三年五月には大津町公民館長として社会教育活動に邁進し、翌一九五四年三月に脳卒中で倒れて寝たきり状態となった。『言論統制の思ひ出』執筆の時間は残されていなかったのである。

しかし、鈴木庫三が膨大な日記や資料を保存していたのは、やがて『言論統制の思ひ出』を書きたいという思いが残っていたからではないだろうか。そうして残された史料と思いに応える試みこそ、拙著『言論統制――情報官・鈴木庫三と教育の国防国家』であった。私は同書の「あとがき」を次の言葉で始めている。その気持ちは二〇年後のいまも変わらないのである。

何かを言い残そうとしながらも沈黙した、その人の声を聞きたい。

＊

本書の刊行も、二〇年前に『言論統制』を編集していただいた郡司典夫さんにお世話になった。この間、同行取材していただいた証言者の多くが鬼籍に入られた。時の流れの速さを痛感している。「思出記」ノートや「国防国家と思想」抜刷を大切に保管されていた渡辺昌子さま、この翻刻出版にご賛同いただいた木下真さまには、特に感謝を申し上げたい。また、二二年前、「思出記」手稿を最初にワープロ入力していただいた貫田優子さん（当時、京都大学大学院生）にも改めて御礼申し上げます。多くの方々の協力とすばらしい編集者との出会いがなければ、『言論統制』も生まれなかったはずである。増補版に先行して本書が刊行できたことを共に喜びたい。

佐藤卓己（さとう・たくみ）

1960年、広島県生まれ。京都大学大学院文学研究科博士課程研究指導認定退学。東京大学新聞研究所助手、同志社大学文学部助教授、国際日本文化研究センター助教授、京都大学大学院教育学研究科教授などを経て、現在、上智大学文学部新聞学科教授、京都大学名誉教授。専攻はメディア文化学。2020年にメディア史研究者として紫綬褒章を受章。著書に『増補 大衆宣伝の神話』（ちくま学芸文庫）、『現代メディア史 新版』（岩波テキストブックス）、『『キング』の時代』、（岩波現代文庫、日本出版学会賞・サントリー学芸賞受賞）、『言論統制』（中公新書、吉田茂賞受賞）、『増補 八月十五日の神話』（ちくま学芸文庫）、『テレビ的教養』（岩波現代文庫）、『輿論と世論』（新潮選書）、『ファシスト的公共性』（岩波書店、毎日出版文化賞受賞）、『負け組のメディア史』（岩波現代文庫）、『池崎忠孝の明暗』（創元社）など多数。

ある昭和軍人《しょうわぐんじん》の記録《きろく》
――情報官《じょうほうかん》・鈴木庫三《すずきくらぞう》の歩《あゆ》み

2024年4月10日　初版発行

編著者　佐藤卓己《さとうたくみ》

発行者　安部順一

発行所　中央公論新社

〒100-8152　東京都千代田区大手町1-7-1
電話　販売 03-5299-1730　編集 03-5299-1740
URL https://www.chuko.co.jp/

装　丁
DTP　濱崎実幸

印　刷　図書印刷
製　本　大口製本印刷

Published by CHUOKORON-SHINSHA, INC.
Printed in Japan　ISBN978-4-12-005776-2 C0021